武器になる話し方

安田正

ダイヤモンド社

武器になる話し方

はじめに

想像もつかない人生を手に入れる「武器になる話し方」

「武器になる話し方」をお手に取っていただき、ありがとうございます。著者の安田正です。

私はこれまで30年以上、コミュニケーションや英語をテーマにした研修や講演を行ってきて、経営者を含む、何万人というビジネスパーソンとお付き合いをしてきました。

そうした中で強く感じるのは、**なんともったいない話し方をしている人が多いのか！**ということです。みなさん、深く付き合っていけばいかに素晴らしい人かがわかります。

しかし、たった一つ、「話し方」のせいで、その人の強みが伝わっていない、本来のよさが消えてしまっているということが多々あるのです。強みが伝わっていないどころか、むしろマイナスの印象を与えていることすらあります。

すると何が起きるかというと、**本来ならもっと評価を受けていい人、もっとレベルの高**

い仕事ができるはずの人、よりたくさんの収入に恵まれるべきであるはずの人が、不当な扱いを受けたり、苦労を強いられたりしているるということです。

その原因の多くが、話し方にあるといったら、どうでしょうか?　「そんなの大げさだろう」と思うかもしれません。

けれど、本書でみなさんにお伝えする「**武器になる話し方**」を手にしていただければ、確実に人生は変わります。

私が「話し方」だけで人生が変わる!　そう断言できる理由をまずは私の経験からご紹介しましょう。

子どもの頃、私は極度の口下手・あがり症で国語の授業で「安田くん、読んでください」と教科書を音読する順番が回ってくると何も言えずに、ただただ下を向いて黙ってしまっていました。そんな状態が学生時代ずっと続きました。

いよいよ社会人になって社員3人の英語学校に入社。こともあろうに営業をやらされることになりました。そのときには、ほとんど生きた心地がしませんでした。

「死んでもやりたくなかった営業」です。

ただ、当時自分には何の取り柄もないと思い、他に就職できなかったからかなり後ろ向きな気持ちで入った会社。ここを辞めたら人生が終わりだ、という背水の陣で営業をやるしかありませんでした。

そして、あれから30年以上たった現在、かつて小学校の授業で声が震え、営業は死ぬほどやりたくなかったと言っても誰も信じてくれません。

まず、イヤイヤ始めた営業でしたが、とにかく無我夢中で「セールストーク」や「いい声の出し方」また「お客さんとの関係のつくり方」などを研究しまくり、試しまくりました。

例えば、浪曲師の広沢虎造《とらぞう》さんの浪曲のテープをすり減るほど聞き「美声というより、どちらかというとダミ声をむしろ強みにする方法」を研究したり、喜劇役者で有名な藤山寛美《かんび》さんの舞台に何十回も足を運びました。

また、自分のセールストークもテープに録音し、自分で研究したり大学時代の友人に改善点を指摘してもらったりしました。

そんなふうに夢中でやっているうちに、あんなに苦手だった営業で売上が上がり、少しずつ自信も持てるようになり、最後には営業が好きになっていったのです。

しかも、気づくと営業のみならず、自ら研修の講師もやるようになっていたのです。

これは自分の苦手を克服し、「弱み」だったことが「強み」になっていった瞬間でした。

そしてそれは「話す」ことが自分の「強み」だと気づき、それを磨いていくとどんどん可能性が広がっていくものでした。

「話し方」を変えるだけで、すべての悩みが解決する！

いつしか私は「話すこと」が自分の仕事となり営業だけでなく、セミナー、講演をして「話し方」についての本もたくさん出版させてもらいました。

それらの著書では、よくあるみなさんのコミュニケーションや話し方へのお悩み解決のコツを解説し、多くのビフォー・アフターの体験談をたくさんいただきました。

たとえば、

「人と打ち解けられない」と悩んでいた人が↓「**これまで想像できなかったくらい色々な**

友達が増えました」

「話すと緊張してしまう」と悩んでいた人が↓「**異性の友達まで増えました。ちょっとモテ期かもしれません！**」

「話が伝わらない」と悩んでいた人が↓「『**話がわかりやすい**』**と上司から言われるようになりました**」

「話していると相手を怒らせてしまう」と悩んでいた人が↓「**喧嘩が絶えなかった、家族との関係がよくなりました。今なら家族のためにも仕事をがんばろうと思えます**」

「営業の商談がうまくいかない」と悩んでいた人が↓「**営業トークを変えたら全体のトップ5％の成績を取ることができました**」

「話がわかりづらい」と悩んでいた人が↓「**会社でも自信を持って自分の意見が言えます**」

みなさん「話し方」のコツをつかむとみるみる変わっていかれたのです。

また、それと同時に人間関係で悩んでいる方々が「実はその原因はコミュニケーションの取り方にあった」と気づきがあった方々もいました。

話し方、コミュニケーションというと形のないものです。ですからそれらに問題があったとしても自分一人ではなかなかわかりません。また、他人も指摘しにくいものです。

私の本を読み、

「やっと、長年の悩みの根本的な原因がコミュニケーションの取り方だとわかりスッキリしました」

そんな声も多くいただきました。

こうした体験談の中で、さらにこんな質問もいただいたのです。

「安田さんは本当に色々なことを楽しそうにされて成功されていますけれど、それには何か秘密があるのですか」

というものです。

確かに、研修会社の経営をし、講師としても1000人規模のセミナーをやったり、法人営業で役員プレゼンをして数億円という案件を受注したり、「超一流の雑談力」という著作が90万部を超えるベストセラーになり、雑談力やコミュニケーションについてテレビやラジオ、SNSでお話や対談をさせていただいています。

また、プライベートではみなさんに驚かれるほどの多種多様の多くの友だちと楽しくお付き合いをしています。そんな友だちたちと我が家で食事をしながら、会話ができるのは本当に幸せなことです。

よく私と同じような同年代の男性たちから言われることが、

「ＳＮＳを見ていると安田さんの周りには女性と若い人が多くてうらやましいです」

ということです。確かにむしろ同年代の男性は友だちの中では少ないほうかもしれません。

そんな交流を毎年冬に滞在しているハワイでも、数百人！もの友達がいて日本にいるときと同様にお付き合いを続けています。

これはさすがに若い頃の自分ではまるで想像がつかなかった世界です。

「武器になる話し方」を身につけて、想像もしなかった人間関係、成功、幸運を手に入れる

さて、

「そこには何か秘密があるのですか」という質問ですが、

「ありますー それはまさに『話し方』に秘密があり、それはこれまで私の本でも、他の『話し方』の本でも書いてこなかった『自分の想像を超える世界が手に入れられる話し方』です」

私がそう伝えたところ、

「では、それをぜひ書いてください！」との声をたくさんいただき、今回この「武器になる話し方」を書くことになりました。

今回の「武器になる話し方」とは、

話し方やコミュニケーションで「うまくいかない、悩んでいる」というマイナス状態を、

↓「うまくいく、悩み解決」のゼロ状態にし、さらにその上をいく。

↓「想像もしなかったことが起こる人生。ラッキーなことを人が運んできてくれる」プラス状態にまでなるパワーを秘めているものです。

この威力を身につけられるかどうかで、あなたの人生が大きく変わります。

本書では、私がいつも研修でお伝えしているプログラムをもとに改良・応用をしながら、今、みなさんに知っておいていただきたいことをまとめています。

まずは、みなさんの話し方の弱点を知ること。そして、その弱点は簡単に克服できるのだということを第1章~第2章を中心にご紹介します。

第3章から第4章では、対人関係やビジネスの中でこちらの言いたいことを上手に伝えるためのテクニックと、性格的な相性を克服する方法について。

また第5章からは人前で話すときのコツを具体的な事例をふまえてお伝えしていきます。

近年は仕事でユーチューブなどの動画を活用している人も増えていますので、そのときの注意点なども紹介しています。

続いて第6章と第7章では、いい印象を与えながら、話を聞き続けてもらう方法を伝えます。

最後の第8章では、セミナーや講師などを務める場合の話し方についてご紹介しています。これまでと比べて、オンラインなどでも講義できるようになり、多くの人が話し手になる機会が増えると思いますので、私が講師として行っているときのテクニックも赤裸々にまとめています。

本書はこれまで、私自身が30年以上かけて話の達人たちの研究をして、それを自分の話し方に取り入れたり、またそれを研修として組み直したりしたノウハウの集大成です。

ぜひ、話し方で想像もしなかった人間関係、成功、幸運を手に入れてください。

武器になる話し方◎目次

第1章 あなたの話し方の、何が問題なのか？

第2章 どんな相手にも確実に伝わる話し方

第3章 雑談から商談まで通用する賢い人の話し方

第4章 苦手な相手ともスムーズに会話を始める方法

第5章 人前で話す技術

第6章 声、表情、見た目、印象で損しないテクニック

第7章 会話がどんどん続くテクニック

第8章 武器になる「プロの話し方」テクニック

第1章

あなたの話し方の、何が問題なのか？

①まずは「聞き方」の見直しから。意見に反対したいときも「つなぎ言葉」で受け止める

伝え方の前に、まず考えてほしいこと

一般的に「話し方」というと、「いかに上手にしゃべるか」「おもしろい話ができるか」「言いたいことをどう言うか」といったことを考える人が多いと思います。

ですが、まずはその認識をあらためることをおすすめします。**話し方で何よりも重要なのは、話の受け止め方、つまり、聞き方なのです。**

このことをお伝えすると、多くの人は「いやいや、話せないから悩んでいるんだよ」「聞き方なんて大した問題じゃないよ」と言います。

ですが、その認識が大きな間違いのもとです。話し方が下手だから問題なのではなく、

「聞き方がなっていないから、会話がうまくいかない」ことのほうがはるかに多いということを知ってください。

反対のことを言えば、**聞き方がしっかりしている限り、会話で失敗をすることはない**のです。自分の話し方（伝え方）の改善については、そのあとで構いません。

ここで一つ例を見てみましょう。

Before よくある聞き方

A「先日の営業会議で話していた件ですけど、やはり最初の企画を通したいですよね、あれだけ時間かけて練り上げたのだから」
B「でもさ、そうは言うけど現実的にはなかなか難しいもんだよ」
A「………」

Bのこの聞き方のどこがよくないかわかるでしょうか。

それは、否定から入ってしまったことです。相手が違うことを言ってるなぁと思うと、人はつい「いや……」「でも……」「だけど……」と、否定してしまいます。

しかし、自分がよかれと思って発言したことを、「でもさ……」と最初から否定されたらどうでしょうか?

「この人は話してもわかってもらえなさそうだな」「話してもムダだな」「仲良くなれなさそうだな」……と、そんなふうに感じないでしょうか。

こうなってしまうと、相手の話が耳に入ってこなくなり、そればかりか、相手の言葉にいちいち腹が立ってしまい、感情的に反論したくなるかもしれません。

そうなれば当然会話にはなりません。実はこのように、聞き方がよくないことで人間関係に摩擦が起こってしまう、話がこじれてしまうケースが多いのです。

では、どうすれば正解なのでしょうか?

まずは、「相手の気持ちを受け止めるつなぎ言葉」を使うことです。

気持ちを受け止めるつなぎ言葉

・「たしかに」

・「そうなんですね」
・「わかります」

相手の意見に反論したい場合でも、まずはこのような言葉を使って、受け止めてみてください。

まずこのような言葉が聞けると相手は安心できます。そして安心できると、そのあと反対意見が出てきても客観的に取り入れてもらいやすくなるのです。

このことをふまえて、先ほどの例をもう一度見てみましょう。

After　武器になる聞き方

A「先日の営業会議で話していた件ですけど、やはり最初の企画を通したいですよね、あれだけ時間かけて練り上げたのだから」

B「たしかになぁ。たいへんだったもんなぁ。特にAはよくがんばってたしな」

A「そうなんですよ。……まぁもちろん現実的には難しい部分もあるかもしれないですけど」
B「そうだね、現実的なところに落とし込むには、もう一工夫が必要かもしれないね」

このように、最初の受け止め方を一つ変えるだけで、相手の気持ち、その後の話の流れがガラッと変わることが多々あります。

特に意見交換や議論の場でおすすめしたいのは、**「……ああ、今の話は勉強になったなぁ」と自分につぶやくように締めくくる**という技です。相手は安心した上に「認められた！」という満足感を感じてくれやすくなり、話し合いが円滑になります。

特に要注意なのは、「自分が自信を持っているテーマ」

なお、会話の中で否定が出がちなのが、**自分が自信のあること、あるべき論を持っている事柄について**です。

たとえば自分の専門分野、好きなことや人、趣味、思想などには注意してください。

熱を持っている分野になると、「自分のほうが正しい」「本当のことを教えてあげたい」

といった気持ちが強く出てしまって、相手の話を受け止めずに否定をしがちです。否定や強い主張を繰り返せば、相手は心を開かなくなります。

私自身も、若い頃には相手を否定したり、批判したりすることが多かったのです。私の中で「あるべき論」があり、それをついついそのまま言ってしまっていました。

しかし、さまざまなコミュニケーションの体験を通して、相手に「会話を続けたくないな」と思わせてしまったら関係性も終わってしまうと気づき、軌道修正しました。

言いたいことをどう伝えるかではなく、まずは、相手に自分の話を聞いてもらうにはどうすればいいかを考えてみてください。本当の話し方というのは、そこから始まるのです。

武器になる話し方
その1

相手の意見に反対のときでも、「たしかに」「そうなんですね」「わかります」と受け止めよう

② 電話に出るときのような声の高さが、実は相手にとっては一番心地いい

あなたの声は、自分が思っているより低い

あなたは会話の中で、「自分の声」を意識したことがあるでしょうか？

会話での第一印象は、実は「声」によるところが大きいのです。第一印象で声（聴覚情報）からの影響を受ける割合は、38％（メラビアンの法則）と言われています。

自分自身の声を聞くことはあまりないと思いますが、試しに、一度自分のいつもの会話の様子を録音して聞いてみてください。「自分ってこんな声してるの⁉」と、驚く人が多いことでしょう。

というのも、話しているときの声の高さというのは、自分が思っているよりも低い場合合

が多いのです。

そして大事なのはこの部分で、その声のトーンによって、明るいか、暗いか、といったイメージを印象づけるということです。

基本的に声のトーンが高いと、明るく開放的な印象を与えます（いきすぎると「軽すぎる」「バカっぽい」といった印象になります）。

声が低い場合には、落ち着きや信頼感を感じさせますが、一方で暗さや怖さ、ときには「上から目線がする」といった誤解を招く印象も与えやすいのです。

そうしたことを総合すると、特に人間関係をつくるという場面では、声のトーンは低いよりも高いほうが都合がよくなります。

声のトーンによる印象の違い

低い
→〈静か、落ち着いている、信頼感、冷たい、暗い、怖い、上から目線〉

高い
→〈明るい、元気、陽気、開放的、やさしい、親切、軽い、バカっぽい〉

適切な声のトーンは、自然でラクなものより「少し張った声」

では、「ちょうどいい高めのトーン」とは具体的にどの程度なのでしょうか?

私は、「ドレミファソラシド」と歌ったときの、「ファ」か「ソ」がちょうどいいトーンだとお伝えしています。

心の中でもいいので、試しに歌ってみてください。音階は、まったく正確でなくて構いません。自分の思う音階で大丈夫です。さぁ、やってみましょう。

ド~　レ~　ミ~　ファ~　ソ~　ラ~　シ~　ド~

では質問です。この音のうち、あなたはふだんどの音で話していますか?

こうしてワークをしてもらうと、実に7~8割の人が「ド」「レ」「ミ」の音で話していることがわかります。というのも、この音階は、多くの人にとって「もっとも出しやすい音」なのです。とても自然でラクなんですね。

しかしながら、これでは相手にとっては低すぎるのです。自分にとってラクな声のトーンは、相手にとって必ずしも快適ではありません。

聞き手にとっては、ドレミではなく、その上のファかソあたりの「少し張った声」くらいが、実は一番心地よく、印象がよく映ります。

例としては、**仕事の電話に出るときや、採用面接の担当者と話すときなどのような、ちょっとよそいきの声をイメージしてみてください。**いつもよりトーンが高くなりますよ

図1　適切な声のトーンは「ファ」「ソ」

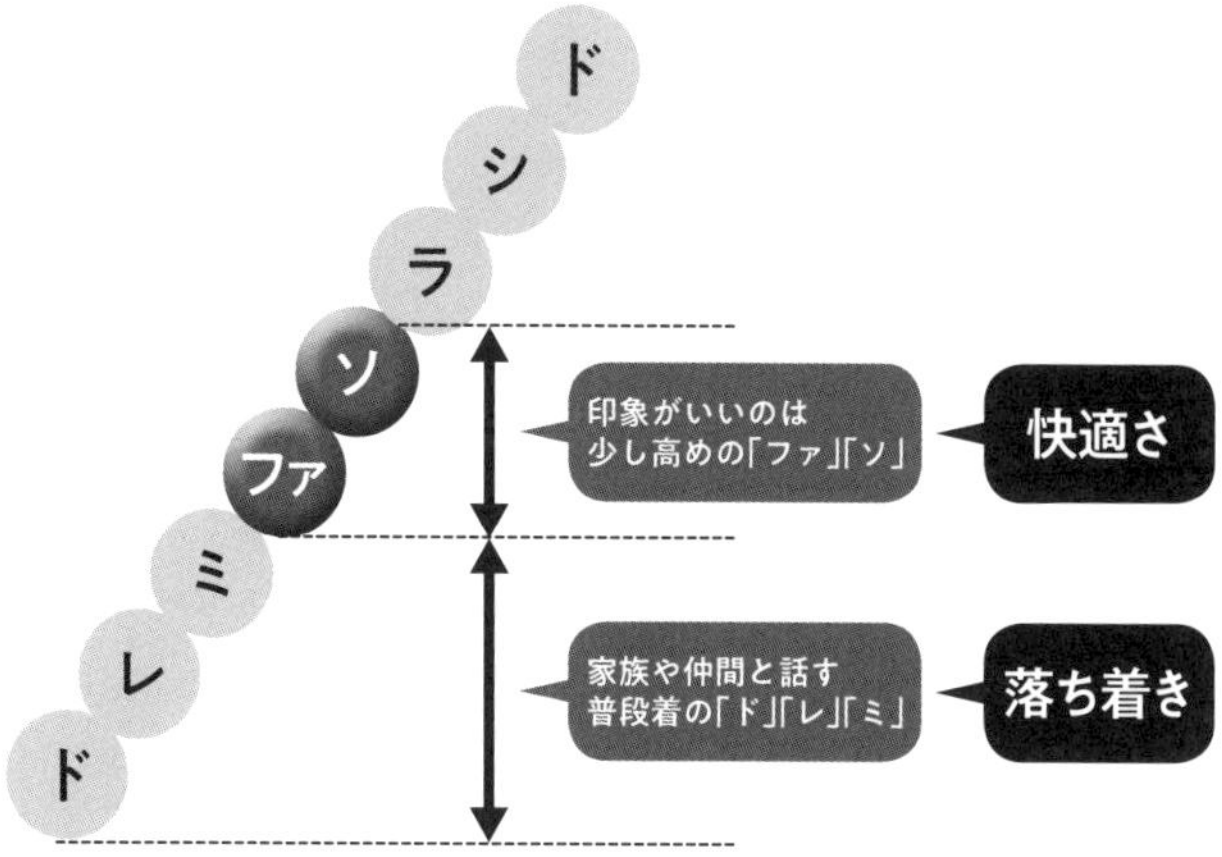

ね。これが、あなたにとっての「ファ」か「ソ」の音になります。

一方、ドレミの高さというのは、言うなれば家で家族と話すような、仲の良い友達と話すような、「普段着」や「パジャマ」のような声なのです。

服を整えてから他人と会うように、話す声も同じであると心得ましょう。最初は違和感があるかもしれませんが、数日もすれば何てことはなくなり、それだけで「愛想のいいキャラクター」になることができます。

武器になる話し方
その2

いつもの声は、あなたが思っている以上に愛想が悪いもの。「よそいきの声」で話してみましょう

3 論理的に話せばいいわけではない。最後に「なんちゃって」で緩急をつける技術

論理的なだけでは「イヤなやつ」になってしまう

話の趣旨は明快に、そして論理的にわかりやすく。人に伝えるときには非常に重要な要素なのですが、一つ大きな注意が必要です。

というのも、**明快で論理的であればあるほど、相手には反論や発言の余地がなくなります。**あまりにもまくしたてるように論理的に話すことは、相手を言い負かしてしまうことになりかねません。

実は、私も若い頃はこの点で失敗も多かったです。ついつい理論武装し、「○○するべきではないですか。根拠としては……です」「以上が私の意見です！」というように、相

手を問い詰めるかのような話し方をしていた時期がありました。

つまり、**論理的な話し方というのは、やり方を間違えると「イヤな話し方」になってしまうということです。**

では、攻撃的な印象を与えないためにはどうすればよいでしょうか?

それは、論理的な伝え方をしたあとで、

「……なんてね」

「……なーんて考えてるんですけど」

「……って思ったりするんですけど、どう感じます?」

などと、語尾をやわらかくすることです。

そして、「次はあなたの意見を聞かせてほしい」と、話を聞くようにします。

心理学では**「親近効果《しんきんこうか》(終末効果)」と言われる効果で、人間は最後に受け取った情報に注目し、記憶に残りやすいという特徴があります。**

最初から最後まで論理的で冷静だと「イヤな感じ」が強くなりますが、最後にやわらかさを加えることで印象がソフトになり、話を受け入れてもらいやすくなるのです。

このテクニックは、特に自分が「正論」を言っている場合ほど、効果的です。

注意点としては、「言い方はとにかくソフトに」です。「なんちゃってねぇ」と言いながら、相手に有無を言わせないような強い語気では、「さぁ、どうだ！　何か反論あるか？」と攻めているかのような印象を与えてしまいます。

人はズバズバと本当のことを言われるほど、「受け入れがたい」という抵抗感が生まれます。そして、それが正しいかどうかは関係なく、聞く耳を持たない状況になってしまうのです。

人を説き伏せたいときは、強く言い過ぎないことが実は重要なのです。正しいことほど、「口半分（と感じさせる）」で言うのが人間関係の極意になります。

武器になる話し方
その3

聞いてほしいときほど、言葉の印象をやわらかく。話を受け入れてもらうための極意です

④ 意見や価値観の違いで議論しないのが会話の達人である

自分の主張をゆずらない人に出会ったら

「NOと言えない日本人」という言葉がありましたが、最近では欧米の影響か、比較的「自分の意見を伝える」という人も多くなってきたように思います。

しかし、ここで注意してほしいことがあります。

それは、何でもかんでも自分の意見を主張することがいいわけではない、ということです。試しにこんなケースを見てみましょう。

自分の意見を主張してしまった例

A「私、毎年年末には宝くじ買ってますよ」
B「私は一度も買ったことがありません。確率論で言っても一番割の合わない賭けですから」
A「そうですか、でも私、2年連続で当たったんですよ」
B「まぁ、そういうこともあるかもしれませんが確率論的には損するほうが多いのですよ」
A「そうですかね……（めちゃくちゃイヤな人だな……）」

このような例、身に覚えがないでしょうか。

人にはそれぞれ好きな価値観があります。いちいち議論しなくてもいいような話題で自分の主張をして、余計な摩擦を生んでいる人がよく見受けられます。

会話というのは、議論の場ではないのです。

「UFOはいる、いない」で本気で議論しても仕方ないですよね。いると思う人もいる、いないと思う人もいる、それが多様性というものです。

特に雑談のような場面では、主義や主張をぶつけて戦っても一つの得もありません。会話というのは人間関係をつくる場です。

特に、「こうあるべき」という観念が強い方の場合には、少し話し方のスタンスを変えていくと人間関係もラクになってくるでしょう。

会話の達人は上手に受け流す

では、具体的にはどうすればいいのでしょうか？　もし、相手が自分とは正反対の価値観を持ち、それを主張してくる人だったとしたら、どう反応するのが正解でしょうか？

先ほどのケースをもとに見てみましょう。

「ですよねぇ」で受け止める

自分「私、毎年年末には宝くじ買ってますよ」

相手「へぇー、私は一度も買ったことがありません。確率論で言っても一番割の合わない賭けですから……」

自分「はは、ですよねぇ、そういう意味では割が合いませんよね。私もこれにこりて今年はやめておきますよ。そういえば……」

否定されたら怒る、反論するのではなく、**「ですよねぇ」で、受け止める。これが正解の一つです。**意見をコロッと180度変えても構いません。

意見が違う人だなと思ったら、「ですよねぇ」と受け止めて、「そういう意味では……」と話をつなぎます。そのまま別の話をしてしまってください。

議論になると何かしらの遺恨《いこん》が残りますが、受け流せばその話はなかったことになり、話しているうちにすっかり忘れてしまいます。

これがたとえば仕事の業務のやり方など、互いにとって大きな問題の場合には議論する必要がありますが、個人の価値観程度の問題であれば、どれだけ意見が異なってもどんどんスルーしていってください。わかってもらう必要も、変えてあげる必要もないのです。

政治、医療、宗教、お金、恋愛など、どんな話題でも同様です。価値観が合いそうなところでは話を広げればいいですし、そうでない場合には無難に済ませます。これが大人の付き合いの妙というところでしょう。

武器になる話し方
その4

価値観の違いでは決して戦わず、「ですよねぇ」で受け止め、「その意味では……」で話題を変える

第2章

どんな相手にも確実に伝わる話し方

5 放送大学の授業がまったく頭に入ってこない理由

「続きを聞く気にならない」話し方の特徴

人の話を聞いていて、「まるで聞く気にならないな」と感じたことがあるでしょうか。

例を出すのは申し訳ないのですが、私がまっさきに思い浮かべるのは、放送大学で話している先生です。ある程度理解のある分野ならばまだしも、まったく知識のない初学《しょがく》の状態で放送大学を見ると……おそらく30分もすればほとんどの人が興味を失ってしまうか、眠ってしまうかではないかと思います。

また、話し方のお手本とされることもあるテレビのアナウンサーの方々も実はタイプとしては同じです。あのような話し方でエピソードトークなどをされても、「続きが聞きたいな」「もっと聞きたいな」という気持ちになることは少ないのではないでしょうか。

いえ、もちろんそれが悪いというわけではないのです。彼らの話し方は、職業上、そのような話し方になっているという理由があります。

アナウンサーは熱意よりも正確に情報を、特に正しい原稿の読み方を要求されます。一方、放送大学の先生は正しい知識を客観的に伝えなければいけません。

このように、伝える目的を「人をひきつけよう」というところに置いていませんから、どうしても一方通行の話し方になりやすいのです。

伝える力の大きさ=「エネルギーの高さ」

では、人をひきつける話し方に必要なものは何でしょうか?

私はこれを、**「伝えるエネルギーの高さ」**と解釈しています。このエネルギーとは、熱量や熱意と言い換えてもいいでしょう。

これらは、表情、動作、声、話し方などを総合したもので、聞き手としては、**「伝えたい!という意志が感じられるかどうか」**ということに集約されます。

つまり、エネルギーが高いとは、意志やメッセージ性を強く感じる。エネルギーが低いとは、伝えようというメッセージが感じられない、ということになりますね。

たとえば、突然知らない国に放り出されて右も左もわからない状況だったら、どうしますか？

英語ができなかろうがなんだろうが、必死になって伝えようとしますよね。身ぶり手ぶりを使い、知っている単語を何とか引っぱり出します。文法などあったものではありません。

しかし、そのようにめちゃくちゃなやり方でも、案外相手には伝わるものなのです。それが伝えるエネルギーの高さです。

もしも、ロジカルシンキングの技術を学んでいて、理路整然《りろせいぜん》と伝わりやすい内容になっていて、「こんなに正しいことを話しているのに！」と思っているにもかかわらず、相手がわかってくれないならば、原因はこのエネルギーの低さである可能性があります。

どんなに饒舌《じょうぜつ》でも、正確に話したとしても、エネルギーが低いと、

・感情がどこに入っているのかわからない

・真意なのかもわからない

・自分の言葉ではない

という印象を与えてしまいます。

では、エネルギーを高めるにはどうすればいいでしょうか？

具体的な方法としては、声を大きく、太くすることがポイントです。

たとえば小さな口でボソボソと話すのと、お腹から声を張って話すのとでは、聞いた人の印象がまったく違ったものになることはよくわかると思います。

研修などのアンケートを見ると、声の小さな講師と大きな声で話す講師とでは、結果は一目瞭然《いちもくりょうぜん》で、後者のほうが高評価で、内容も記憶にも残りやすいのです。

もちろん声が大きいから熱意が伝わるというわけではなく、声の太さも大切です。声の太さを具体的に言うと、喉からではなくお腹の底から声を出すという意識をしてみてください。

これは人前で話をするときだけではなく、仕事上のマネジメント、家族との対話でも同様です。

いくら大切なことを話していても、エネルギーが低い状態では独り言のように聞こえます。「これが一番大事なんですよ！」というメッセージが伝わりづらくなってしまうんですね。

ぜひ一度、あなたの伝え方もエネルギーという観点から振り返ってみましょう。

武器になる話し方

その5

話し方のエネルギー不足に注意！「声の大きさや太さ」が変わると伝わりやすくなる

⑥「かなりたくさん」ではなく、「87%」とハッキリ示すことで説得力が出る

人をひきつける「有益な情報」とは何か

最近は学習・ビジネス系のユーチューブチャンネルもだいぶ増えてきました。私も研究を兼ねていろいろ見ています。やはり人気のある動画はおもしろく、コンテンツの面でも表現力の面でも大変ためになります。

誰もが発信者になれるようになった今、これからは「本当に有益な情報を提供できるかどうか」が試される時代になってきたのだと感じます。簡単に言うと、

・わからないことが、わかるようになること

・気づきがあること
・驚きがあること
・なるほどと感じること

受け手がこのような体験ができるかどうかが、情報には重要になってきます。

そして、その情報が何に裏付けられているのか明示できる人が強い、と言えるでしょう。

自分の考えを伝えるにも根拠としてデータがあるか否かでは説得力が何倍も違ってきます。


ネット上にはよく「ソース（情報源）はどこか？」という意見が目立ちますが、受け手にとって情報の出どころは信頼できるかどうかに関係してくるのです。

たとえば、起業をして会社を続けていく大変さを伝えたい場合。

データがない場合

「今年で起業してなんとか10年たったけれど、本当にこうやって会社が生き残っていくのは大変だよね。だいたいの会社はどんどん廃業していくのだからね」

データを使った場合

「2005年に起業してなんとか10年たったけれど、本当にこうやって会社が生き残っていくのは大変だよね。経済産業省によると創業10年目の生存率は26%らしい。どんどん廃業してしまうからね」

といった感じです。

「生き残るのが大変」という事実を、26%という具体的な数字を使うことでよりリアルにイメージできると思います。

「かなり」「結構前」のような感覚的な言葉は、なるべく具体的な数字を使うようにしていくことで、日常の中でデータを意識することができるはずです。

具体的な数字を使った例

・1週間でかなりの数の人が来店しました
→1週間で1000人以上の人が来店しました
・昔の記事によると
→1997年の記事によると
・ガクッと売上が落ちてしまって
→前年比56％も売上が落ちてしまって
・日経平均も今より数千円安かった
→日経平均も今より3600円も安かった

このような数字やデータを使う習慣をつけていくことで、思考をするときにも、情報を発信するときにも、より多くの人をひきつけることができるようになっていきます。

武器になる話し方
その6

受け手が想像できることが大切。あいまいな表現ではなく、「具体的な数字やデータ」に置き換えて、伝える

⑦ 考え方やルールなど抽象的な概念はたとえ話で理解してもらう

伝わらない「抽象的なたとえ」

商売のやり方、人としてのあり方、賢く生きる方法などなど……本質的な考え方やルールというのは、非常に抽象的なものです。

そのようなことを人に伝えたいとき、重要なのは具体的にするということです。

伝わらないたとえ話の例

A「ゴールに向かっているようで、ぜんぜん違う方向に行ったと思って引き返すことってあるじゃないですか」

B「…………？？？」

A「あっ、ですから、ゴールに向かってですね………」

このように、抽象的なことを抽象的に伝えると、その意図がまったく伝わりません。

このようなときは、「たとえ話」が一番の方法です。前述の例も、

「お互いに同意していたのに蓋を開けてみたら、ぜんぜん違うことを想像していることがありますよね。たとえば……」

このように具体例を持ってくるようにすると、聞き手もイメージしやすくなるのです。

では、効果的でわかりやすいたとえ話のポイントとは何でしょうか？　大きく2つ、ご紹介しましょう。

1　自分にしかわからないたとえ話はしない

一つは、万人に共通するようなたとえを使うということです。
マニアックすぎるトピックを挙げてしまったり、誰にもわからないような自分独自の体験を挙げてしまうと、たとえ話がたとえになりません。

マニアックなたとえの例

「ああ、それはたとえばモーツァルトの交響曲第三番第一楽章のような音楽が流れている映画ってことですね」
「たとえば、私がオーストラリアのアルバニーという村に行ったときに立ち寄ったお店みたいな感じなんですよね」

伝わりやすいたとえの例

「ロッキーのテーマみたいに、その曲がかかると映画のシーンが思い浮かぶ曲ってありますよね」

「道の駅に売ってる野菜って、なぜだかとっても美味しそうに見えますよね」

多くの人が経験したことがあること、日常によくある光景など、そのようなテーマからたとえられると伝わりやすくなります。

2 たとえ話は創作してもいい

もう一つのポイントとしては、たとえ話はわかりやすければ創作してもいいということです。

・「たとえば、初めて会った人と無言でバーベキューしてたらキツイですよね。そんな気持ちですよ」
・「たとえば、海外旅行したときにパスポートを落としたら、焦りますよね。そんな感じです」

自分がバーベキューに行った経験がなくても、海外でパスポートを落とした経験がなくても、聞いたときに相手が想像できれば十分なのです。

反対に、「たとえば、月に行ったら火星だったみたいな話で……」というようなたとえでは、スケール感が想像しづらく、伝わりづらくなります。

やはり、ありふれたシチュエーションを選ぶのがポイントです。

最初はどうすればいいかわからないかもしれませんが、何度か意識的に使っていくことで脳のシナプスがつながり、パッと瞬間的にひらめくことが多くなってきます。

武器になる話し方
その7

たとえ話をするときには、「ありふれている事例で、想像や共感ができること」が一番大切

8 リアクションの加減を相手と合わせる「リアクションシーソー」の技術

リアクションの大きい人、小さい人

「会話とはキャッチボール」とはよく言われることですが、そのキャッチボールは言葉だけとは限りません。いえ、実際の会話の中では、むしろ言葉以外のことが多いのです。

その代表が「リアクション」です。

相手とうまくなじむには、声の大きさやトーン、抑揚、表情など、リアクションの大きさを相手と同じように合わせていくとうまくいきます。

たとえるならシーソーです。かける体重やタイミングが違うとバランスが崩れてしまうように、会話もリアクションの大きさが異なるとバランスを崩しやすくなります。つまり、「噛み合わない」と感じやすいのです。

具体的に、リアクションの大きさの違いは次のようなところに表れます。

リアクションの大きい人

反応が早く、「へぇー」「ほう」「うん、うん、そうだよね」「わかります」などという言葉が頻繁に使われる。表情も豊かで、逐一《ちくいち》リアクションの言葉とともに表情も変わる。うなずきとともに手を叩いて笑ったり口を開けて驚いたりする。ジェスチャーも行う。

リアクションの小さい人

あいづち言葉が少なく、あっても「はい」「そうですか」などワンパターン。うなずきなども少ない。無表情。返ってくる言葉も、自分の感情表現より、こちらが言ったことの確認、理解を深める客観的な内容が多い。

このような違いがあり、相手とできる限り力加減を合わせていくのが会話を噛み合わせるためのコツの一つです。

「これがふつう」のラインは、人それぞれ

しかし、このような話をすると、不満を口にする人がいます。

特にリアクションの大きい人と小さい人が一緒に会話をした場合には、リアクションの大きい人のほうがストレスを感じやすいでしょう。

というのも、リアクションが大きい人同士であれば会話が弾みやすいのでいいのですが、ふだんのリアクションが大きい人は、相手にも同じようなリアクションを求める傾向があるからです。

「自分といて楽しくないの⁉」「なんでもっと盛り上がらないの⁉」といったフラストレーションがわいてくるかもしれませんが、落ち着いてください。

理解していただきたいのは、もともとリアクションが小さい人にそれを求めても、同じようにするのは難しいということです。

相手にとっても、リアクションが小さいから楽しくないわけではないですし、サボっているわけでもありません。その人にとって、それが「ふつう」の表現ということです。

リアクションの仕方は個人の性格や家庭、また職業柄、地域柄などによっても異なりま

す。ですから、「コミュニケーションの流派が違う」と考えるとわかりやすいかもしれませんね。

まずはそのことを念頭に、相手のスタンスになじむことが大切です。そもそも違うものだという前提に立てば、大げさに目くじらを立てることもなくなるでしょう。

図2　リアクションはバランスが大事

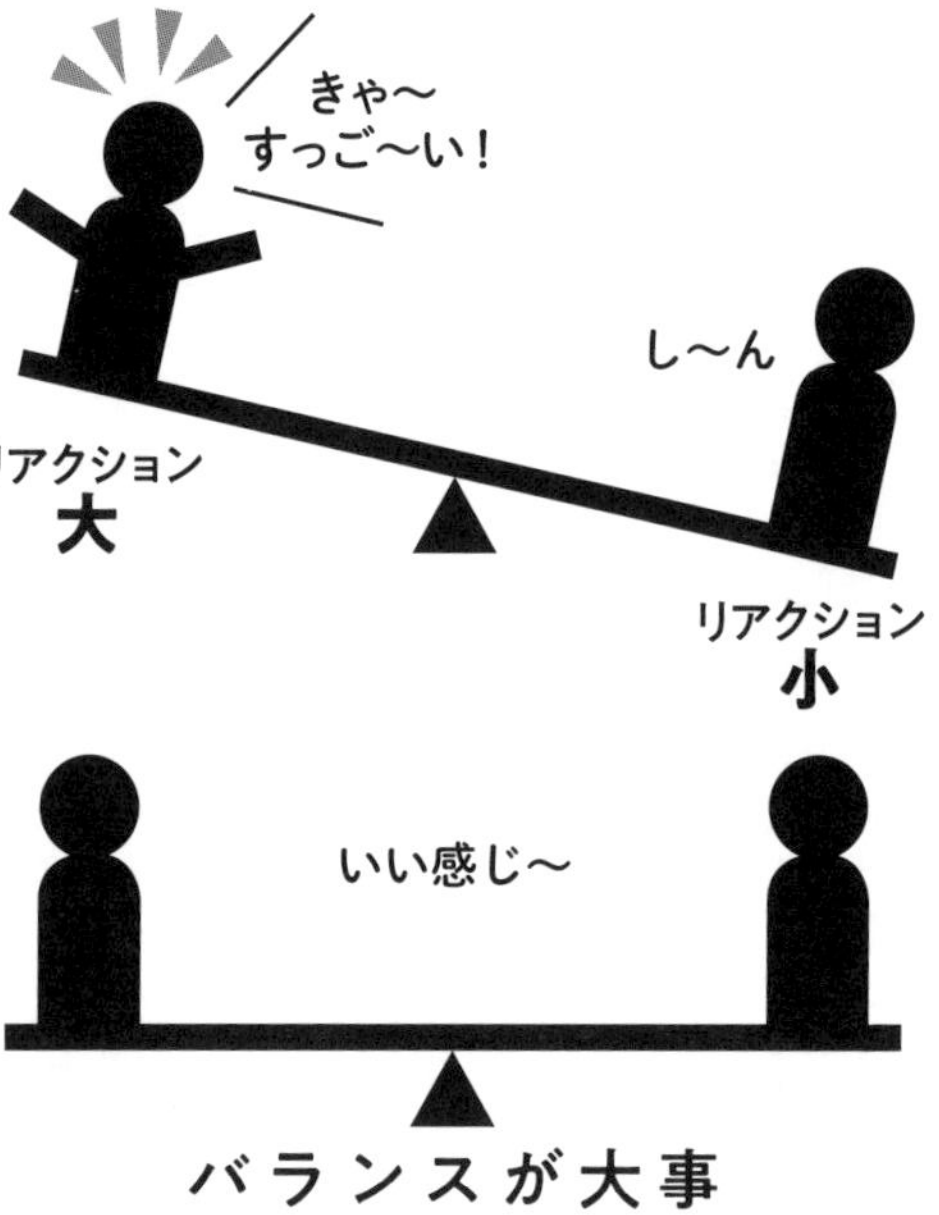

きゃ〜
すっご〜い！
し〜ん
リアクション
大
リアクション
小
いい感じ〜
バランスが大事

武器になる話し方
その8

リアクションは人によって違うもの。「自分から合わせにいくこと」で噛み合いだす

9 「気がきかない」と言わず、「おおらかな人」と言う語彙による変換力

ネガティブな言葉には、ネガティブな感情や記憶がついてくる

人の悪口は言うべきでないと言われてきました。今の時代、どこから情報が漏れるかわかりませんし、第一、人の悪口を聞かされるのは気持ちのいいものではありません。

もちろん「共通の敵」がいると連帯感が強まりますから、昼休みに上司の悪口を言って盛り上がる……なんていうことはあるかもしれませんが、基本的にはネガティブな表現は使わないことをおすすめします。

ネガティブな表現をそのまま使うのではなく、それをポジティブな表現で伝えるテクニックをぜひ覚えてみてください。

たとえば、

- 気がきかない　→　大らかな人
- ケチ　→　倹約家
- 神経質　→　気が回る
- 感情的　→　情が厚い
- ルールを守らない　→　大物気質

といった具合です。本人にそのまま伝えてもイヤな気が起きないような表現を選びます。

そうする理由はさまざまありますが、一番はネガティブな表現にはネガティブな感情もついてきてしまうからです。

人が言葉を発するとき、そこにはその言葉のイメージも一緒に連想されます。

たとえば「気がきかない」と言ったときには、過去に気がきかない人の言動を見てイライラしたときや、自分自身が「気がきかない」と言われたときのショックなどもついてきてしまうのです。これは、その言葉を聞いた相手も同じです。

つまり、ネガティブな言葉を使うと気持ちもネガティブになりやすいということです。これは、コミュニケーションにおいてはデメリットしかありません。
ですから、そういった意味でも言葉はポジティブに変換したほうが無難と言えます。

言い換えるときは、物理的な表現は避けて抽象的に

とはいえ、「**ネガティブティ・バイアス**」といって、人はネガティブなことが目につきやすい性質があります。

（この人、しばらく合わないうちに年とったなぁ）
（この人、太ったなぁ）
（この人、暗いなぁ）

と、人と会ったときについつい思い浮かんでしまうことがあるでしょう。
私は、そうしてネガティブなことがつい目についてしまったときは、思い浮かんだこと

を直接口に出さずに、まずは頭の中で肯定フィルターをかけてポジティブに変換します。

そして、それを伝えてもよさそうであれば、ポジティブな表現で伝えることもあります。

たとえば「年をとった」ということも、女性だったら「本当の女性らしい美しさが出てきましたね」とか、男性であれば「人間としての存在感が増しましたね」といった具合です。

ただし一つ注意点があります。

たとえば「太った」ことを「貫禄《かんろく》がある」と言い換える場合がありますが、これは「あなたはかなり太って見えます」と伝えているのと変わりありません。「恰幅《かっぷく》がいい」も同様です。

図3　頭に浮かんだネガティブ表現は「ポジティブ・フィルター」にかけていいイメージ表現に置き換える

このような物理的な描写は、どのように言っても太っているという事実を伝えることにしかならないのです。ですから、**物理的な表現ではなく、抽象的な表現に置き換えて「信頼感がある」「頼もしい存在感がある」といった言葉にするのがポイント**になります。

この方法であれば、人に何か注意や指摘をしたいときも、ポジティブな表現が使えるので、相手のことを否定することなく、肯定的に受け入れてもらいやすくなります。

最後に、自分がネガティブに思ったことは必ずしも相手に言う必要はない、ということもぜひ覚えておいてください。自分の脳内でポジティブに置き換えただけで、実際には言葉にしません。

信頼関係がしっかりできているときでなければ、ネガティブなことにふれることはデメリットばかりなのです。

武器になる話し方 その9

ネガティブな表現はしない！が鉄則。「ポジティブ・フィルター」にかけて、いいイメージのする表現に置き換える

10 話し方の「職業病」に要注意！

話し方にも何気に出てくる、いつものクセ

ある仕事をしていると、つい出てしまうクセを「職業病」と呼びます。私の場合には、コミュニケーション研修の会社を経営しているので、他の人が話しているのを見ていると、つい「ああ、こうしたらもっとわかりやすいのに」「いいことを言っているのに表現がもったいないなぁ」などと考えてしまいます。

この職業病は、実は話し方にもよく出てきます。

たとえば、小さな子どもたちを相手に仕事をしている保育士、幼稚園や小学校の先生は、歌のお姉さんやお兄さんを連想させるような、大きな身ぶり手ぶりを使いながら、高いトーンで大きな声を出す、という傾向があります。それくらいでないと、元気な子どもの声に自分の声がかき消されてしまうからでしょう。その傾向が、日常の会話でも見られる

ことがあります。

反対に、医師のような仕事をしている方は大きな声を出さない人が多いですよね。患者やスタッフと対面するときには、淡々と冷静な話し方が型として好まれ、やはりプライベートでもそのように話す人が多いように感じます。

このことは、職業だけに当てはまることではありません。

先日ユーチューブで「各大学の応援部」の紹介動画を見ていました。するとおもしろいことに、どの応援団も判で押したように同じ話し方をしていたのです。

「私はぁー、〇〇大学のぉー、〇〇でーす！　我が応援部ではぁー……」

といった感じです。語尾を伸ばして、イントネーションは語尾が上がります。これが「大学応援部の話の型」なのでしょう。

もちろん、そのような型があることは問題ないのです。しかしながら、その役割を離れたときも型が抜けない場合には、ＴＰＯ（時、場所、場合）にそぐわない話し方になることもありますし、失礼な印象を与えかねないので注意が必要です。

自分の話し方はすべての人に受け入れられているんだというのは錯覚なのです。

たとえば、前述の保育士や幼稚園の先生などは、大人に対しても、まるで子どもに対して話しているような言葉や態度になってしまうことがあります。

経営コンサルタントをしている方などでは、端々に「仕事のときに使うカタカナ言葉」が出てきたり、雑談の場面でも会議のように話を仕切ったり、といったクセが出てくることもあります。

いつも自分が話している言葉というのは、自分にとってはラクなのですが、聞き手にとっては不快になるということを忘れてはいけません。

その意味で、話し方におけるクセは基本的にはないほうが望ましく、その時々にふさわしい言葉づかい、声の出し方、態度などがあるということを前提にしていただきたいと思います。

ぜひ一度、いつもの話し方を見直してみることをおすすめします。家族や信頼できる友人に聞いてみるとざっくばらんに教えてくれると思いますので、おすすめです。

武器になる話し方

その10

自分がラクな話し方こそ、実は危険。聞き手にとってストレスのない話し方を目指しましょう

11 話し方を武器にするためのたった一つのマインドセット

省エネ状態が、コミュニケーション不全の大きな原因

コミュニケーションを劇的に変える方法が、一つあります。……と言ったら、気になるでしょうか？

実は、本当にあるのです。この一つだけ意識すれば、決定的に話し方が変わってくる、そんな極意ともいうべきものです。

その正体は、サービス精神です。

ちょっとでいいから相手に喜んでもらいたい、楽しんでほしい。そんな気持ちから会話ができると、コミュニケーションの質が一気に変わります。

というのも、世の中の90％以上の人は、「省エネ」でコミュニケーションをとっています。

省エネとは具体的には、

・あいづちがなく
・うなずきがなく
・反応が薄く
・ラクな表情（無表情）や声（快適とはいえない低めの声や小さめの声）

などです。

これらは、パソコンでいうとスリープ状態なのです。思考が半分止まり、相手を待ち、勝手に会話が盛り上がることを待っている完全受け身の状態になります。

このような状態では、「相性がいい」などの条件が整わない限り、会話が円滑にいくことなどほとんどないのです。

しかし、世の中の人がほとんど省エネ状態ですから、ほんの少しでも省エネを解除すると、それだけであなたの話し方は武器になります。相手にとって「特別」に映るからです。

そのために必要なのがちょっとしたサービス精神であり、相手を楽しませようとするスタンスなのです。

ここまで紹介してきた「うなずき」や「あいづち」「声のトーン」などは、まさにそのためのテクニックであり、会話の主導権を相手にゆだねるのではなく、自分主導でその場を明るくし、距離を縮めていくことができます。

テクニックというのは、練習すれば必ずできるようになります。車の運転などと同じです。特にコミュニケーションのように、誰でも毎日行うものは使用頻度が高いですから、とても上達しやすいのです。

しかし、心のあり方には意識が必要です。省エネのスイッチを切り、目覚める必要があります。

ここに気づけるかどうかで、話し方の成否は大きく変わるのです。

武器になる話し方 その11

省エネスイッチを切るだけで、あなたの話し方は「特別」になっていきます

第3章

雑談から商談まで通用する賢い人の話し方

⑫ 相手に合わせるとはどういうこと？ 3つのポイントで調整できる話し方

相手に合わせるとは、別人を演じることではない

第3章では、ビジネス雑談や、企画などの提案・営業・交渉などの場面で使うことのできる「賢い」話し方について見ていきます。

単に合理的であるだけではなく、時と場合によって伝え方を変えていくことで生まれるコミュニケーションこそが真の賢さなのだと参考にしていただければと思います。

そもそもコミュニケーションとは、相手ありき。相手に合わせていくものだとよく言いますね。

これが実にそのとおりなのですが、しかし、相手に合わせるとは具体的にどういうことなのでしょうか？

自分の性格は変えられませんし、相手によって違う自分を演じるのも疲れます。そのために、相手に合わせるなんてできないよ、だからコミュニケーションは難しい……と感じている人がいるかもしれません。

でも、そうではないのです。相手に合わせるというのは、自分のキャラクターを変えるというような話ではなく、もっと技術的な、誰でも調整がきくことを意識すればいいだけなのです。

ポイントは3つ、「①話す量（情報量）」「②話の間《ま》」「③質問」になります。それぞれ見ていきましょう。

1 話す量…持っている情報をすべて伝えることが正解ではない

情報をたくさん持っている人（専門家など）ほど、ついつい情報を与えすぎる傾向があります。

ですが、人によってほしい情報は違うのだということを心得ておきましょう。

たとえば私が日頃それを感じるのが、医師の方の説明です。こちらは医療に関しては素人ですから、専門的な病気のメカニズムや薬の名前を説明されてもよくわかりません。

患者の立場として知りたいことは「今は良い状態か悪い状態か」「それは何が原因か」「では、どうすればいいのか」です。

にもかかわらず、こちらの知識レベルを無視し、医師の専門レベルの言葉であれこれ説明されてもまったく理解できませんよね。

ですから、そもそも相手がその話題に興味があるのか、どの程度の知識量を持っているのかなどによって情報量は加減していく必要があります。自分の目線で、自分の知識量で話してしまうと「結局、大事なことが何も伝わらない」ということになりかねません。

2 話の間……情報を整理するには、間が必要である

続いて、間です。相手が話を理解するのが難しそう、あまり興味がなさそうな場合には間をとりながら説明をすることが重要です。

というのも、新しい情報を与えられたとき、人間は頭の中で整理する時間が必要になり

ます。納得して、次の情報を聞く、そうして一つひとつ段階をふんでいくようにしていかないと理解できず、理解できなければ話を聞くのをやめてしまいます。**そのためには、適度な間が必要なのです。**

たとえば、観光地のガイドさんは、うまい人ほど間をゆっくり取りながら説明します。しかし、下手な人はマニュアルに沿って機械のように情報を伝えるだけです。

観光ツアーにくる人はほとんどがその土地についてよく知りませんから、「ここは、◯◯という場所です」「昔、××があった土地として知られています」「地名の由来となったのは……」ということを一度に話すのではなく、一つひとつに間をとっていくほうが聞き手には理解しやすいのです。

しかし、話すのが好きな人や、知識をたくさん持っている人にとって、間をとるというのは忍耐が必要なことかもしれません。多くの場合、会話の間に耐えられずしゃべり始めてしまいます。

間をとるときには、1秒から3秒程度とってください。この間をとっている時間は相手の反応を見るチャンスで、ちょっとした無言の時間に体の位置を変えたり、視線をはずしたり、あくびをしそうになったりなど飽きているサインを見逃さないようにしましょう。

「テンポが速すぎて話を理解できていない」、もしくは「すでに知っている内容でおもしろくない」といったサインになります。

頭の回転が速い人やある程度の知識がある人の場合には、間をあまりとらず、テンポよく話すことが重要になります。

3 質問…簡単な質問で相手の興味や理解を探る

3つ目が、質問です。

相手の興味、話をどれくらい理解しているか、こちらの話に賛成しているかなどを測るためには質問をするのが効果的です。具体的には、

「○○をしたことはありますか？」

「○○って知っていますか？（＝ほぼ知っていると予想されること）」

といった、簡単に答えられる質問にすることがコツです。

この質問への返事によって、相手の興味や理解度がわかります。

「興味がなさそう」「適当な感じ」がするならば、情報量が多すぎる（少なすぎる）、話のテンポが速すぎる（遅すぎる）といった原因があるので、伝え方を調整する必要があるでしょう。

「飽き」や「興味のなさ」は、次のようなサインからよくわかります。

- **視線をはずすなどの表情**
- **背もたれに寄りかかるなどの姿勢**
- **うなずきやあいづちが少ない**

人は、必ず何かしらのサインを出すものです。話し方を変えるというのは、そのようなサインに対して、「情報量」や「間」を変えていくことです。これにプラスして、声の高さや抑揚、表情などを改善していけば、必ず伝わるようになります。

武器になる話し方

その12

相手に合わせるために必要な3要素は、①話す量、②話す間、③理解度を確認する質問

⑬ 話を聞く目的をつくる「メリット事前予告」話法

「自分の言いたいこと」＝「相手の聞きたいこと」にする

私たちは、なかなか人の話を集中して聞き続けることができません。どこかでだれてしまったり、「この話、興味ないなぁ」と思ったりして、上の空になってしまう瞬間があるものです。

そうなる原因の一つに、9割以上の人が「自分の言いたいこと」をそのまま話してしまうことがあります。

すべての会話に言えることですが、**誰が相手であっても、そしてどんなときにも心がけなければいけないのは、自分の言いたいこと＝（イコール）相手が聞きたいことにすることです。**

ただしそれは、「常に相手に合わせ、自分が話したいことを話してはいけない」ということではありません。

相手にとって興味のない話を、どう聞いてもらうか？　ということなのです。

そこで、考えていただきたいのが相手にとってのメリットです。

つまり、これから自分の話を聞いて、聞き手に何をもたらすのか、何が得になるのかということを明確にしてみてください。

その上で、「話のメリット」を前もって伝えます。

そうして聞く目的さえ生まれれば、興味のないテーマであっても聞き手は耳を傾けてくれるようになるのです。

- 「今からお伝えする話は、実は、みなさんやお子さんの将来にとても関係してくる問題なんです」
- 「起業した人が絶対にぶつかる壁があるんです」
- 「経理の仕事をする人には、絶対に知っておいてほしいことなんですけれど」

このように、**なぜその話をするのか？　という事前予告をすることによって、聞き手の心構えがガラッと変わってくる**のです。

「へぇ～！」と思わせる事前予告をする

なお、このテクニックは、なんてことのない会話でも同様に使うことができます。

「（出されたコーヒーをいただきながら）ああ、美味しいコーヒーですね。先日のテレビで美味しいコーヒーのいれ方というのをやっていまして、ふつうにいれるよりも3倍美味しくなるとか……」

といったような形で、「へぇ～」と興味をひくような事前予告を行ってみてください。

すると、聞いている人が「上の空」や「噛み合わない」ということが少なくなっていきます。

武器になる話し方

その13

話をする理由や「メリット事前予告」をすることで「相手が聞きたい話」にすることができる

14 自分はなぜその分野に詳しいのか？根拠の示し方は、会話の中にさりげなく

アピールしすぎても、しなさすぎてもダメ

ビジネスにおいて「自分のイメージやセールスポイント」を確立していくことは大切なことです。

しかし問題は、「アピールしすぎるとうるさくなる」ということです。

専門家として信頼を得るどころか、「自慢」「傲慢《ごうまん》」などと捉えられ、「イヤな人だった」という印象で会話が終わってしまうこともあります。

アピールしながらアピールしすぎない、この加減がとても難しいのです。

ポイントは、さりげなくです。

実績などをひけらかして言葉多く語るのではなく、あくまでも軽ーい感じで、さりげなく伝えるようにしてください。さりげなくというのは、たとえばこのような形です。

その1 文献を引用する

「ああ、そのことでしたら本で読んだことがありますね。そこにこう書いてありました」

その2 経験から話す

「○○（地名など）は出張でうかがったことがありましたね」

その3 自分の専門分野に置き換えて話す

「ああ、わかります。それって私の分野でいうと……」

このように、専門家としてのバックグラウンド（実績や経験）を自然と会話の中で織り交ぜていくほうが信頼感を得やすいでしょう。

たとえば1の文献を引用するというのは、自分の領域に関する専門書や論文、データなど、専門家だからこその情報をアピールしやすい材料です。

2の経験から話すというのは、訪れたことのある場所、出会ったことのある人、学んだ知識などを過去の体験から伝える方法です。

3つ目の「自分の専門分野に置き換えて話す」というのは、相手の話を受け、自分の業務や業界にたとえて要約することで「話を理解していること」プラス「自分の専門領域」も伝えることができる方法になります。

自然な流れで話に織り交ぜることができると、相手の反応は「えっ！　そうなんですか？」と、少々驚いた反応になります。

一方「ふーん、そうですか……」と反応が薄かったり、ネガティブな場合には、早々に話題を変えたほうがよいでしょう。

武器になる話し方 その14

自分の得意なことや専門領域は「さりげなく会話に入れる」のがちょうどいいアピール方法

15 先に譲歩してから要求を通す「戦わずして勝つ」交渉術

交渉でもっとも大切なこと

人生や仕事においては、相手とどうしても意見が相いれないことがあります。それぞれの目的が異なりますから、意見が簡単にそろわないのは当然です。

そんなときに、相手と議論をして言い負かし、自分の案を通すという方法はその後の人間関係を考えるとあまり得策ではありませんね。

孫子の兵法には「戦わずして勝つ」という考え方がありますが、実は、意見が割れたときや交渉の際にも、同じことが言えるのです。

私の経験からすると、まずは**自分から譲歩するが勝ち！**　ということです。

以前、私が企業に「英語研修」の商談を行っていたときのやりとりを例にします。

私の提案した英語メソッドは「外国人講師ではなく、日本人講師が日本語で教える」という当時は珍しかったもので、営業に行っても反対意見が多かったのです。

当然ですよね。「英語は外国人講師が教えたほうがいいに決まっている」とほとんどの人が思うでしょう。

実際、研修担当者の方からは「だって、英語はネイティブのほうがうまいですよね。だからうちは他の英語研修をやっていますよ」とよく言われてしまいました。

このとき、私の心の中には、

（いえいえ、日本人の英語学習のつまずきポイントは日本人でないとわかりませんよ。そして、日本語でそのつまずきを乗り越える方法を説明しないと日本人の受講生には通じないんです……）

という反論が響いていましたが、口には出さないようにしていました。反論をのみ込んで、相手の意見に賛成します。

「はい、英語はネイティブがやはり上手である、それは否めない事実だと思います」

続けて、このように独り言のようにつぶやきます。

「そんなネイティブが数年教えてもなかなか英語が話せない人がいるのは**何が悪いのでしょうかねぇ……**」

するとご担当者の方は、「うーん、ちゃんと勉強しないからではないかなぁ……毎日リスニングの練習をしたりとか……」と、このように反応してくれました。

そうすれば、こちらのものなのです。

私「なるほど、そういう人はちょっとネイティブの先生ではハードルが高いからかもしれませんね。そんな方々だけでも日本人講師が教えるというのはどうなんでしょうか？　おそらくハードルを下げて『自分にもできる』という達成感があれば毎日の勉強もやるかもしれません」

担当者「そうだねぇ、そんな初級クラスの人だけでもねぇ、そのほうがいいのかもしれない……」

私「おおよそ、そのような初級クラスの方は全体の何％くらいの人がいらっしゃるのでしょうか」

担当者「そうですね……80％くらいかな」

私「そうですか、**ではその80％だけでもよいので、わかりやすく、スムーズに教えられる日本人講師のクラスというのはいかがでしょうか？**」

担当者「そうですね、まずは80％だけでもお願いしようかな……」

……と、正直お客様も気づかれないくらい自然な流れで8割もの英語研修を私の会社で担当させていただくことになりました。同じような流れで、この会社だけでなく、何社も受けることができたのです。

ここに至るまでは失敗の連続で、私も最初は真っ向から反対意見の根拠を述べ、相手を説得しようとしていました。しかし、それではダメだったのです。

論理的な根拠があったとしても、それまでの実績を紹介しても、相手に反論してしまうと、そのあとの交渉は必ず頓挫しました。

やはり人間というのは、**相手に批判されたり、やり方を強制されたりするのは苦痛**なのです。

しかしそうではなく、「自分の口から出た意見」からであれば、話が進みやすくなります。

ですから、どのような反論材料があったとしても、以下の3つのステップで会話してみてください。

戦わない交渉術の3ステップ

1　まずは相手の主張を受けとめる
↓「おっしゃるとおりですね」
2　その上で、質問を使って意見を引き出す
↓「なぜ、○○は△△なんでしょうね?」（つぶやくように言うのが効果的）
3　相手の意見をふまえ、自分の要求や意見を提案する
↓「では、○○というのはいかがでしょうか?」

このような手順で話を進めるようにしてみてください。自分の主張は、相手の意見を受けた上で初めて出すようにするのです。

戦って、相手をねじ伏せて意見を通すというのはスマートではありません。

そもそも、交渉事で100%自分の要求が通ることはないのです。意見は違っていてあたりまえ。相手がそう思うのは当然だという前提の上、「譲って勝つ」という方法もぜひ試してみてください。

武器になる話し方 その15

人は正しければ聞いてくれるわけではない。「先に相手に譲ってから、伝える」のがコツです

16 話を元に戻す技術「先ほどの○○に興味があるのですが……」

雑談から本題に入るときの注意点

「……えーと、それで私たち何の話をしていたんでしたっけ？」

会話が盛り上がり、ノッてくるとついつい話の本筋を忘れてしまうことがあります。

完全にプライベートの場面ではそれでよいのですが、相手に何かしら提案やお願いしたいことがあるときなど、仕事が絡んでくると話は別です。

本当は、「本題の布石」として話し始めたテーマだったのに、横道にそれてしまい、別のテーマですっかり盛り上がってしまい……ということになると、仕切り直しが必要になってしまいます。

たとえば、会社のデータをデジタル化するサービスの提案をしたいという場合、「デジタル化」に絡んだ話題から本題に入ると自然で、内容もスッと頭に入ってきやすくなります。

ところが途中でまったく別の話題になり、戻れなくなってしまった段階で本題に入ろうとするとどうでしょうか。

「……それで、あの……実は今日はお願いがあって……」

このような形で本題に入ろうとすると、相手はどうしても身構えてしまいます。それまで温まってきた空気が断ち切られてしまうのです。

そのため、理想は何気ない会話の延長線上からスムーズに本題に入ることです。

空気を変えずに話を元に戻す方法

では、どうすればよいのでしょうか？

「先ほどから話題が何度もズレているので戻しましょう」とストレートに言えればよいのですが、もちろんそのようには伝えられません。

そこでぜひ覚えていただきたいフレーズが、

「すみません！　先ほどの○○について興味があるのでちょっと質問してもよろしいですか？」

です。やんわりと話の方向を修正でき、しかも質問形式ですので相手も自分の話を修正されていることに不快な感じはしません。

質問の内容は何でも構いません。質問内容がとっさに思いつかなかったら、相手が言った言葉や言葉の意味の確認をするという方法もあります。たとえば、

「すみません、念のための確認ですが『チェックする』とは書類にしたものでチェックするということでよいでしょうか？」
「ごめんなさい、今おっしゃったポイントというのは、先ほどのお話にあった『○○』と同じと考えてよろしいですか？」

というような具合です。

会話に明らかな目的がある場合は、このようにして話したいテーマに戻すようにしましょう。

武器になる話し方
その16

本題に話を戻したいときには、質問を使うとスムーズにいく

⑰ 相手が驚く聞き方「整理オウム返し」

会話の主役は「聞き手」である

会話では、聞き方が重要だとお伝えしました。

驚かれる人が多いのですが、**会話において、話し手以上に影響力を持っているのは実は「聞き手」です。**聞き手しだいで会話は盛り上がるか、盛り下がるかが決まります。つまり、会話の主役は、実は聞き手なのです。

なぜなら、会話において、話し手に「自分の話をちゃんと受け入れてもらっている」という勇気やモチベーションを与えるのは「聞き手」だからです。

聞き方の誘導によって、単純に話が盛り上がるだけではなく、より核心に迫った話ができますし、有意義なコミュニケーションをとることができます。

あらためて聞き方について整理すると、「武器になる聞き方」にするためにはこの2つのレベルまで目指すようにします。

1「そこまで聞いていてくれたんだ！」と相手を驚かせるほど反応する
2「そこまで理解してくれているんだ！」と相手を驚かせるほどの質問をする

つまり、相手が驚くくらいのレベルでいい反応をすることと、いい質問をすることが聞き方の肝になってきます。

そうすることで、より深いレベルの話ができるようになるのです。まず、ここでは1つ目の「反応の仕方」について見ていきましょう。

オウム返しと整理オウム返し

話している人が驚く反応とは、どういうものでしょうか？

ぜひ追求していただきたいのは、「そこまで聞いていてくれていたんだ！」という驚きです。

相手にとても関心がある、という強いサインになります。

そして、そのために使いたい技術がオウム返しです。

オウム返しは、相手の言ったことをそのまま返すという会話の基本的なテクニックです。

A「最近引っ越ししたんですよ」
B「え、引っ越しされたんですか？」

という具合に、相手がキーワードを反芻《はんすう》し、話を聞いているという意思表示をしつつ、会話のバトンを相手に渡します。

この技をさらに一つレベルアップさせたものが、「整理オウム返し」です。

キーワードをオウム返しするのではなく、**相手の言葉に一字一句同じ言葉を使って反応します。**

たとえば、次のような具合です。

・「へぇー、その3年前の夏に新潟県上越市に行ったとおっしゃっていましたが、

そのときにもたしか視察で行かれたのですよね」
・「先ほど、最初8％の食塩水で、それから5％で最後には3％の食塩水を入れることにした、とおっしゃっていましたが……」

つまるところ、相手の話を整理するためのオウム返しになります。

相手の話を尊重し、熱心に受け止めているという態度が伝わり、「そこまで聞いてくれていたんだ！」「よくそこまで覚えてたね！」といった感動につながります。

複雑な話、専門的なテーマなどでは、このステップを踏むことで自分が話を理解できているかの確認にもなるので一石二鳥です。

もちろん、相手の話をしっかり聞いていないとできないことなのですが、「ここぞ」という場面でこのような反応ができると、一気に信頼感を高めるきっかけになります。

武器になる話し方
その17

相手の話を整理して「オウム返し」すると、話している人の感動は増します

18 話し手がハッとして喜ぶ「要約質問」と「意見質問」

いい質問とは、人に気づきを与える質問

前節では、「整理オウム返し」というテクニックを紹介しました。話をよく聞いていますよというサインになり、相手と信頼関係を深めるために非常に効果的な技術です。

そして、ここではさらに、質問の仕方について紹介しましょう。「どんな質問を」「どのようにするか」は聞き手の技量が表れる場面で、その聞き方さえよければ、相手はどんどんノッてくれて、有意義な話をしてくれます。会話の質が深まり、思いもしなかったいい情報が聞けたりするのです。

いい質問とは、話し手を「ハッ」とさせ、気づきを与えます。

このように言うと非常に高度なことをするのではないかと思われるかもしれませんが、やり方は実にシンプルです。
大きく型は2つあります。

型1　話を要約して質問する「要約質問」

・「今、売上予測には平日よりも土日の数字を追うとおっしゃいましたが、具体的にはどういうことなのでしょうか？」
・「コスト管理が重要というお話でしたが、より具体的に言うと、売上に対して何％程度のコストなら許容範囲だとお考えですか？」

型2　意見をしながら質問する「意見質問」

・「私としては、モチベーションの下がっているスタッフへの接し方が特に難しいと感じているのですが、ポイントはありますか？」

・「私も日々意識しているつもりではあるのですが、実践となると難しくて、相手の表情を読むというのは、どこに注目するとわかりやすくなりますか？」

　このように、話を要約しつつ、あるいは自分の意見を述べつつ、より具体性の高いことを質問してみてください。

　すると、「このように熱心に聞いてくれている人は、このポイントが気になるのだな」と、話し手もハッとしながら、そしてノリながら質問に答えてくれるのです。

　前述の「整理オウム返し」と同じように、特に専門性の高い分野や込み入った話題のときには効果的な方法です。講演会などでの質問にも適しているでしょう。

武器になる話し方 その18

鋭い質問は、話の内容をさらに深める。「要約質問」と「意見質問」を駆使しよう

第4章

苦手な相手ともスムーズに会話を始める方法

⑲ 共通の話題を探す前に、何より大事なのは「会話のノリ」

共通点よりも大事な「温度差」の壁

「会話が続かない！」「噛み合わない！」という悩みをお持ちの方は多いですね。さまざまなタイプの人がいますから、自分のスタイルだけでは通用しない場面も多々あります。

そこで第4章では、そのような性格的な相性を克服するための話し方をみていきましょう。

会話においては、共通の知り合いがいる、趣味が合う、出身地が同じ……など、何からの共通点があれば話は進みやすいですが、共通点を探るにはある程度のテクニックも必要です。

しかし、共通点がどうこうの前に、もう一つ見直してみてほしいことがあります。それは、「会話のテンション」「会話のノリ」です。

ノリの合っていない会話

A「いやー、今日はいい天気ですね！　今週ずっと良い天気が続いていますよねぇ！」
B「ええ、そうですね」
A「（反応薄いなぁ……困ったなぁ……）えっと……あっ！　その鞄すてきですね！」
B「ああ、どうも」
A「とってもカッコいいですけど、お好きなブランドか何かなんですか⁉」
B「いや、まぁ。そういうわけでもないんですけど。たまたま買っただけで……」
A「………」

このように、会話の糸口を探そうとして天気の話をしたり、相手の身につけているものに言及したり、というのは会話においての常套手段ですが、このようなやり方で盛り上がらないことがあります。なぜでしょうか？

盛り上がらないのは、話題選びが問題なのではありません。天気の話をしたり、相手のアイテムについて話したりするのは基本的におすすめできることなのです。

では、何がいけないのかというと、大きな原因の一つに**「相手と自分との温度差」**があります。これは具体的にいうとノリのよさ・悪さ、つまりノッている度合いです。

「ノリが合わない」という言葉のとおり、会話における両者の温度差があると、何を話しても空振りしてしまうことがあります。まさにこの例のように、ノリの高いAさんに対して、Bさんがノリの低かった場合、起こりがちなことなのです。

食べものに好き嫌いがあるように、「ノリのよい会話を好む人」「落ち着いた会話を好む人」「冷静に論理的に話したい人」など、趣味嗜好《しゅみしこう》が違います。

ですから、まずは相手のノリの高い低いを見極め、相手とノリを合わせてみてください。会話の冒頭でノリを合わせることで、共感や親しみやすさが生まれます。どんなことを話すかという話題選びよりも、重要なポイントです。

ノリの見極め方3つのポイント

では、相手のノリはどのように見極めることができるのでしょうか？

目安になるのが次のような要素です。

①会話中の姿勢…前のめりか、うつむきがちか、身振り手振りはあるか

②声…声の大きさや、声の高さはどうか

③テンポ…話すテンポは速いか、ゆっくりか

基本的には直感的なものです。最初の挨拶だけでも、相手のノリがどの程度のものかはだいたい判断できるはずです。オンラインによる打ち合わせなどでも同様ですね。自分が

図4　相手のノリを3つのポイントで見極める

ノリ度	高い	低い
① 姿勢	•前のめりすぎ •ジェスチャー多め	•後ろに下がり気味 •あまり動かない
② 声	•高めのトーン •大きめ	•低めのトーン •小さめ
③ テンポ	•やや速め •お互いポンポンかけ合う	•ややゆっくり •間が多い

感じた第一印象を大事にしてください。

そして、大事なのがここからなのですが、相手のノリを確認した上で、**「ノリが低め」だった場合には、だんだんとノリが高くなるように会話をしていきます**。

最初は相手に合わせて、前のめりすぎず、声も大きすぎず、テンポも速すぎず、相手の好むペースで会話を始めてください。

距離の詰め方のポイントとしては、**「双方向で話す」「リアクションは大きく」**ということです。

あいづちやうなずきを多く入れながら、相手の話を聞いているとき、「自分も会話に参加している雰囲気」を醸し出すようにします。

では、自分自身が「ノリがよくない」タイプの場合どうしたらいいでしょうか?

これも、基本的には同じです。相手となるべくノリを合わせるようにします。その際、相手のノリが高く、自分から会話のきっかけをつくるのが難しい、ということもあるでしょう。

しかし、心配しないでください。

その場合は、**相手の話を「ノリよく聞くこと」に集中してみてください。**リアクションは大袈裟なくらい大きくして、自分がいつもしているよりも声の高さを上げるなど、ちょっとした工夫を加えるだけで不思議と「会話が盛り上がる感じ」ができていきます。

武器になる話し方 その19

相手とノリ度を合わせる上で大切なのは、①会話中の姿勢 ②声 ③テンポ

20 「プチ自己開示」で相手との距離を縮める

天気の話でも興味を持ってもらうコツ

初対面の会話で、こんな経験をしたことがないでしょうか？

Ａ「今日はいい天気ですね。このところいい天気が続きますよね」
Ｂ「はい、そうですね……」

と、このあとが続かないような状況です。話題がまったく続かず、延々と盛り上がらない質問ばかりしてしまうと気まずい時間が流れます。

では、なぜ話が続かないのでしょうか？

それは、相手が話題に興味が持てていないからです。

自分の好きなことや興味のあることならば話はできますよね？　しかし、まったくお互いのことを知らない状況ではそれが難しいのです。だから、話題が続きません。

そこでおすすめしたい方法が、「一言だけ自己開示をすること」です。

A「今日はいい天気ですね。明日も晴れるといいですね……」
B「そうですね」
A「いやー、実は明日久しぶりのゴルフでして。ぜひ、快晴の下でプレイしたいんですよ」
B「ああ、ゴルフされるのですか。実は私も……」

このように、同じ天気の話であっても、**「なぜ晴れてほしいのか」という個人的な理由を一言プラスするだけで、話題を深めるきっかけ**になります。

この例で言えば、相手の興味次第でこのあとスポーツの話に移ることもできますし、趣味の話に移ることもできます。ほんの少し自己開示をするだけで相手も自己開示がしやすい空気ができるわけです。そして、お互いに距離を縮めていくことができます。

自慢話や身の上話になると、途端につまらない話になる

このときの注意点は、自分の話をしすぎないことです。

たとえば、「ゴルフやっていまして、去年コンペで優勝して……」などと自慢めいた話が始まると、途端につまらない雑談になってしまいます。

また、「明日晴れてほしいんですよ。実は私、3年前から腰を悪くしまして、雨の日は腰痛がひどくなることがありまして……」と、相手が気まずくなるような自分語りも聞き手には退屈な話です。

あくまでも会話の入り口として、「プチ自己開示」程度に留めておくことがもっとも大事なことになります。

武器になる話し方

その20

その話題を出した理由を「ほんのり自己開示」をすると相手も自己開示がしやすくなる

21 会話の緊張感をリセットしてなごませる「誘い笑い」の技術

一瞬の笑いが緊張をほぐす

初対面の会話というのは、緊張感があることが多いですよね。初めての人と話すのは苦手と感じるのは、この緊張感がイヤだからという人も多いのではないでしょうか。

緊張するといつもの自分をなかなか出せませんし、何か居心地の悪さを感じるものです。

しかし、せっかくの大事な時間です。「早く終わらないかな」ではなく、「ああ、いい時間だなぁ」と感じられるようになったら一番ですね。

では、この硬く緊張してしまう雰囲気をいい意味で壊すにはどうすればいいでしょうか？

その方法の一つは、自分で笑うということです。会話している中で、

「ダイエット中なのに昨日は食べすぎちゃったなぁ……ははは」
「こんなことなかなか人に頼めないですよね……ふっふっふ」

と、このように、自分の発言の最後に軽く笑いを付け足すというものです。

別におもしろい話をしていなくてもよいのです。「〜ですよね」「〜ですよ」などという文末の表現と同じように、**「あはは」「ふふふ」と笑いを足してみてください。**

笑うので必然的に表情もやわらかくなり、相手に安心感を与えることにもなりますし、自分自身が脱力するのにもよいのです。また、会話のリズムが落ちたときには笑いが入ることで緊張感が下がり、場のリセットという効果もあります。

下品に大笑いするわけではないので、上機嫌でゆとりがあり、公的なイメージを崩すこともありません。言うなれば**「誘い笑い」**ともいうべきテクニックです。

実は、この誘い笑いの名手が芸能界にいます。お笑い芸人の有吉弘行《ありよしひろいき》さんです。

有吉さんは、今ではたくさんのテレビ番組で司会を務める超売れっ子ですが、彼が大ブレイクを果たすきっかけになったのが、歯に衣着《きぬき》せぬ毒舌で「タレントにディスったあだ名をつける」というものでした。

言われた人が怒ってしまうんではないか、というよう危ないあだ名をつけていたのですが、それでも有吉さんはテレビに出続け、その後不人気になるどころかますます人気になっていきました。

その秘密の一つが、この誘い笑いにあったのではと私は感じるのです。

というのも、有吉さんは毒舌を吐いたあと、自分でふふっと屈託のない笑顔になるのです。かなりひどいことを言った場合でも、このアクションがあることで「本気ではない」「冗談である」という感じが生まれて、相手も毒気を抜かれます。場の雰囲気も軽くなり、見ているほうもイヤな感じがしないのです。

もちろん、彼の場合は人前に出るプロなので一般人とは技量が違うと思うのですが、笑うということはそれだけ大きな効果があるということです。

最初は、声を出して笑うのが難しいかもしれません。その場合には、**ニコッと笑顔になるだけでもよいです。**自然とふふっと笑えるようになると思います。

会話はずっと続けていると、リズムが落ちていくので緊張を下げ、リラックスさせるためにもこの笑い声は有効です。

武器になる話し方
その21

言葉の最後に「ふふ」「あはは」で場をゆるめる。にっこり笑顔だけでもOKです

㉒ 相手のテンポに合わせると「嚙み合わない」はなくなってくる

「息が合う」ってどういうこと？

会話をしていて、なんだか「嚙み合っていない」と感じたことはないでしょうか。
たとえば、次のようなケースです。

嚙み合っていない会話の例

Ａ「先日久しぶりに高校時代の友だちと会って、私は懐かしいなぁと思って……それでお店に入って店内を見ているとだんだん人が増えてくるわけですよ、まぁ、それもいいんですけど、それからしばらくして……」

B「……はぁ……」

A「やっぱり、季節がら鍋が美味しいわけじゃないですか、そうそう鍋といえば……」

B「……はぁ……（なんだかどんどん話題が変わるなぁ）」

A「（さっきから、この人『はぁ』しか言っていない）」

この例の場合、Aさんはおしゃべり好きで、思いつきで言葉が出てくるタイプ。一方のBさんは冷静で、話のつじつまや論理的な整合性などを重視するタイプです。

このような会話に求める要素がまったく異なる2人が会話する場合、どうしたらよいのでしょうか？

もっとも簡単な改善方法としては、**「会話のテンポ」**を変えることです。

実は、会話で重要なのはその中身ではなく、それ以上に言葉のスピード、会話の流れなどが大事になります。「息が合う」という表現があるように、会話のテンポが合ってさえいれば意思疎通がはかりやすくなるのです。

私は趣味でテニスをしているのですが、コーチのSさんは若く、彼が本気で打ってくるボールはすさまじいものがあります。

しかし、私と打ち合いをするときには、私のその日の調子などに合わせて、私がちょうどいいと感じられるスピードで打ってくれます。ときにはゆっくり、ときにはちょっとスピードを上げて……といった感じです。そんなふうにちょうどいいテンポでラリーを続けていると「実に気持ちいい」ものです。永遠にラリーを続けていたくなります。

会話も同じことで、**心地いいテンポで会話ができると「なぜだか心地よい」「この人とは気が合う」「この人、いい人だな」と、感じてしまうもの**なのです。

ところが、このことを知らないので、多くの人は「自分のペース」で話してしまいます。

図5　会話で重要なのは、言葉のスピード、テンポ

この人は
ゆっくりめだな……
テニスの
テンポのいいラリーの
イメージで

だから、ギクシャクしたり、わかり合えないなと感じたりします。

年齢によって最適なテンポは変わる

会話のテンポは人それぞれですが、一つの目安として年齢があります。

若い人は速いテンポを好みますし、年齢が高い人はややゆっくりなテンポを好む傾向があります。

たとえばユーチューバーで話すのが上手な人というのは、ゆっくり話す方が多いように思います。というのも、ユーチューバーなどは再生スピードを自由にできますから、テンポ速く聞きたい人は1・5倍速や2倍速で聞けるのです。

ですから、ゆっくり話すことで全年齢に対応している、と考えられます。

会話のテンポは、理想はお互いがお互いに寄せて、息を合わせていくことですが、まずは自分が相手に合わせていくことを基本にしてみてください。

相手に合わせるなんて無理だよと思う人がいるかもしれませんが、そんなことはありません。

人は環境によって変わるものです。

たとえば、性格がまったく違う夫婦だとしても、一緒に生活しているうちにだんだんと話し方が似てきます。自分の気づかぬうちにテンポが変わっているものです。

職場や家族など、知らずしらずのうちに影響を受けていて、反対に、自分も相手に影響を与えていることでしょう。

ですから、あまり頑なに考えずに、ちょっと噛み合わないかもなと感じたら、相手のテンポに寄せていってみてください。**相手に合わせるというよりも、相手のリズムに乗る、**というようなイメージで臨んでみると心理的な負担も減ることでしょう。

武器になる話し方 その22

噛み合わない大きな原因の一つは、「テンポのずれ」。相手のリズムに乗ると噛み合いだす

23 ふっかけてくる人を華麗にいなす「マウンティング封じ」の技術

優劣をつけたがる人に出会ったら

仕事に関連した雑談では、探り合いや自分の存在感を示すために自己アピールをする場面があるかもしれません。

話題を深めていくには、適度な自己開示や相手の情報を知ることも必要なのですが、それは、あくまでも「関係を良好にするため」という目的が大前提です。

このことを理解していないと、「どちらが立場が上か、あるいは能力が上か」ということを目的とした「マウンティング」によるプレッシャーのかけあいが起こることがあります。

マウンティングのトピックは多くの場合、

・過去の仕事の実績
・有名人や大物と会ったことがある
・高価なものを持っている、家に住んでいる

このようなところが主でしょう。

相手がマウンティングしてきたときには、付き合わないのが一番です。意地を張ると互いにヒートアップしてしまいますし、後味が悪くなってしまいます。

そこで、相手がマウンティングを仕掛けてきた際に、関係を悪くせずに、それを封じ込めるテクニックを紹介しましょう。

いったん受け止めて、話題を変えるのが鉄則

相手がマウンティングしてきたときには、「ほぉ」「へぇ」「すごい」と受け止めます。

そして、相手が誇っていることをそのまま認めてあげましょう。そして、「そういえば

……」と、別の話題に移るのが得策です。

そもそもマウンティングとは、「明らかに格下」とわかる相手にはしてきません。「自分とどっちが上かな？」と微妙なときにしてきます。

ですから、「別にあなたが上でいいよ」という形で、そのほうが話がスムーズに進むのであれば、そのようにさせてあげましょう。

裁判やスポーツなどであれば勝ち負けにはこだわりたいですが、人間関係においてどっちが上か下かなんていうのは証明のしようなどありません。まったく本質的でない、どうでもいいことなのです。

張り合わなければ、相手も引き下がります。これが基本的な方法となります。

タチの悪い相手への対処法

しかし、相手があまりにも失礼な態度であったり、こちらをバカにしてくるような感じを受けた場合には、もう一つ方法があります。

それは、「圧倒的に格上の話」をさらっと会話に盛り込む方法です。

たとえば、「有名人を知っている」「有名人と仕事をしたことがある」としつこく自慢してくるのであれば、より知名度のある人物の名前を挙げて「そういえば、○○社長と一緒にゴルフをしたときに……」といった具合にエピソードを話します。

また、「営業で全国1位をとったことがある」と実績を言ってくるのであれば、「確かにナンバー1を取るより、ナンバー1を続けるほうが大変ですよね。実際自分のときも大変でした」というように、相手が「負けた……」と思わず認めてしまうようなことを、ストーリーの一部として会話の中に入れることです。

あくまでも「さらっと」伝えるのがポイントで、「私は……」という主語から話を始めないことです。それでは自慢返し、マウンティング返しになってしまいます。目的は「マウンティング封じ」なので、あくまでもさりげなく伝え、深層心理の中で「負けた」と思わせることが重要です。

とはいえ、この2つ目の方法はかなり攻撃的なやり方でもあり、相手のタチが悪かったときの最終手段として考え、基本的には使わないほうがよいでしょう。

仕事上どうしても付き合い続けなければいけない場合などには、1つ目の**「認めてあげて別の話題に移る」**で対応すれば十分でしょう。

そしてもちろん、自分からは自慢もマウンティングもしないことは鉄則ですね。

武器になる話し方

その23

マウンティングには、付き合わず封じるのが一番。認めてあげて、話題を変える

24 「前回出た話題」を出すと2度目の会話はうまくいく

小さなことを覚えておくことの意味

「終わりよければすべてよし」と言いますが、人間関係は多くの場合、1回きりではありません。

1度目の会話が「いい感じ」になったとしても、大事なのは2度目、3度目に会うときの距離の縮め方です。信頼関係を結び、より話しやすいオープンな関係にしていくことが2度目以降の会話では求められます。

よくない例

A「Bさん、お世話になります。前回から2カ月過ぎてしまいましたがお元気でしたか？」
B「はい、おかげさまで元気にしております。Aさんもお元気ですか？」
A「ええ、おかげさまで。ええっと、前回はどんな話をしましたでしょうかね……」

このような会話をしてしまうことがあるかもしれません。

しかし、2回目に会うのに、まるで初めて会ったような会話をしていてはいけません。

前回会話したことをさっぱり忘れたり、距離感がわからなくなって関係が「リセット」されてしまうのは、とてももったいないことなのです。

もちろん、日常ではさまざまな人に会いますし、公私さまざまなことに追われているでしょう。その中で「あれ、前回この人とは何を話したっけ……」となるのは無理もありません。しかし、だからこそ、「何を話しているか覚えていること」は大きな武器になるのです。

たとえば、

「そういえば、前回『釣りが趣味』とおっしゃっていましたが、最近はどこか行かれましたか?」

と、このような一言があるかないかで距離の縮まり方は大きく変わります。

たとえば、お店ですぐ顔を覚えられる店員さんや、ふと話したことや自分の誕生日などを覚えている友人に驚いたことはないでしょうか?

実はどの業界でも、トップクラスで活躍する人は職種や業種に限らず、会話の詳細を覚えている人が非常に多いです。「えっ、そんなことよく覚えてましたね!」と驚かせるものです。

それだけで大きく会話がはずみ、信頼関係もつくりやすくなります。特に仕事相手であれば、「この人は優秀だな……」「仕事ができる人だな」「仕事を任せてもいい人かもしれない」という認識にもつながるでしょう。

小さなことを覚えておいて話題にするというのは、それだけ大きな影響力を持ちます。

親しさのレベルを記録しておく

では、どうやって覚えたらよいのでしょうか?

覚え方については、基本的には習慣と訓練です。といっても、何年も必要なわけではなく、**これから何回か意識していくだけで劇的に変わります。**

私の場合は、初対面の際の距離間を**3段階（1 距離が遠い　2 普通　3 距離が近い）で評価**し、いただいた名刺の裏に数値を記しておきます。1~3段階の具体的な目安としては、

1　距離が遠い：仕事上の用件のみ話す
2　普通：仕事上の個人的なことも話せる（「以前〇〇会社に勤めていました」「私は今の会社で社歴が一番長いのです」）
3　距離が近い：仕事以外のプライベートなことも話す（「私の娘は小学1年です」「趣味で釣りをしています」）

このような感じになります。

そして、次回お会いするときにもう一度その名刺を見て、1~2の段階の方とは3にな

れるよう、意識して会話をします。

たとえば、「社歴は長いのですか？」といった具合で質問をして、会話の中で相手の個人的なところに少しずつふれていくのです。

もちろん名刺で管理せずとも、スマホやPC、メモ帳でも、自分がやりやすい方法で構いません。カレンダーやメール、あるいはアドレス帳などにその人とどんな会話をしたかメモをとっておくだけでもいいでしょう。会う直前でもいいので、メモしたものを確認すれば前回の話や会話の雰囲気などを思い出すことができます。

軽いカジュアルさを取り入れて距離を縮める

なお、2回目以降の会話では言葉選びも大事になってきます。敬語を使いながらも、その中に少々カジュアルな言葉も織り交ぜていくことが距離を縮めるポイントです。

たとえば相手がノリのいい人なのであれば、

「そんなことおっしゃって、○○さん、釣りのほうが仕事より熱心なんじゃないですか～」

くらいまで砕けてしまってもいいでしょう。

ただし、急に近づきすぎるような話をすると引かれてしまうこともあります。

そもそも、相手も最初に会ったときの会話をよく覚えていない、ということも多々ありますから、距離の測り方だけは注意が必要です。

相手との距離の取り方は、ノンバーバル（非言語）な情報で察することができます。まだ相手と距離がある場合には、

- 表情が曇る（近すぎ）、または表情が硬い（遠すぎ）
- 相手と体の距離を離そうとする（近すぎ）、相手との体の距離が離れている（遠すぎ）
- アイコンタクトが少ない（近すぎるか遠すぎるか）

といったことでわかります。

距離がある場合には、礼儀は崩さずに、相手に合わせながら「そういえば前回は○○と

おっしゃっていましたが……」と、会話のきっかけをつくって距離を縮めていきましょう。

これを繰り返していけば、毎回メモをとらずとも、その人の顔を見れば話した内容を思い出せるようになったり、「髪型を変えた」などの変化にも気づけるようになっていきます。

これは決して**才能や性格の問題なのではなく、習慣の問題**だということをぜひ覚えておいてほしいと思います。

武器になる話し方
その24

人間関係は、2度目が大事。前回の記憶を引き継ぎ、関係をアップデートする

25 男性が女性とコミュニケーションをとるときのコツは、「共感と謙虚さ」

男女のコミュニケーションで問題が起きやすい理由

男性と女性を分けるべきではないという考え方があります。そのムーブメントはまったくそのとおりだと思うのですが、あえて一つだけこれまで多くのビジネスパーソンを見てきた経験から言うと、おおむね男性よりも女性のほうがコミュニケーションが得意な傾向があります。さらに、異性とのコミュニケーションに悩むのは、圧倒的に男性が多いのです。

では、なぜ男性は女性とのコミュニケーションに悩むのでしょうか？

傾向として、**女性はコミュニケーション能力の中でも特に共感性、理解力が高く、言語的な表現力（すぐに気持ちを言葉にできる、言葉が出てくる、話題が豊富）、また、非言語的な能力（表情や身振り手振りが豊かなど）にも長《た》けているという特徴が見られます。**

しかし、男性でこれらの能力に長けている人は稀《まれ》で、「論理的で結論がわかればいい」「メリットとデメリットを伝えてほしい」など、合理性を重視するあまり共感や感情表現などがおろそかになっていることがよく見られます。これがつまり、「人の気持ちが察せない」「思いやりややさしさがない」「冷たい」などと思われる原因になるのです。

そんなときに両者の間にギャップが生まれ、コミュニケーションがうまくとれないことが起こるのです。そして、女性側は、男性のコミュニケーション力の低さに呆《あき》れたり、失望したりして、ますますその溝が深くなる……特にマネジメント層がこの悩みにぶつかり、どうしたらいいかわからないと途方にくれるパターンを何度も見てきました。もちろん、家庭内でも同じようなことが本当によく起きます。

そうならないよう、女性とのコミュニケーションで意識していただきたいポイントを2つご紹介します。

1 何よりも先に、言葉と表情で共感を示す

まず、共感です。共感を示すというのは、具体的には「言葉」と「表情」です。

よくある話として、妻が夫に何か相談とか悩みをもちかけるときには、その解決方法を

示してほしいのではなく、

・「ああ、それは大変だ」
・「たしかに、それは問題だ」

と、まずは置かれている状況をわかってほしいということがよくあります。

これは仕事の場面でも同様です。「状況をわかってくれている」「心理状況を理解してくれている」という共感の土台があって、信頼関係が生まれ、心を開いて話すことができるようになるのです。

共感を伝えるには、「よーく」「すごく」「とっても」「めちゃくちゃ」など、やや大げさな表現が適しています。さらに、声のトーンは高めがよく、加えて驚いた表情や悲しい表情など、気持ちが伝わる表情ができれば誤解されることはなくなるでしょう。

2 自分が言ったことに謙虚になる

もう一つのポイントは、このようなときの対処法です。

すれ違いが起きやすい例

A「先日部長が変更だとおっしゃっていた企画書の表紙、いろいろ探したのですが、これにしました」
B「えっ、変更しろなんて言ったっけ？　なんか前のほうがよかったかも」
A「部長、会議で変更っておっしゃっていましたよねぇ（ムッ）」

私自身、会社を経営していてよくあるのですが、「え、あのとき、社長はこう言いましたよね⁉」とスタッフに返されることがあります。ある指示を出していたのですが、そのことをうっかり忘れてしまって別のことを言ってしまうことがあるのです。

このとき、「えっ……そうだったっけ？」などと返事をしようものなら、「話が違う」「いつも言っていることが違う（信用できない）」とムッとされてしまうでしょう。

それは当然で、「言われたほうはよく覚えている」のです。そして、言われたことに沿って物事を進めていますから、違うことを言われるというのは、突然ちゃぶ台返しをされた気持ちになります。

「忙しいんだから、そんなこといちいち覚えてないよ！」なんていうのは最悪です。

このようなときには、とにかく闘おうとしないでください。

すれ違いを起きにくくする方法

Ａ「先日部長が変更だとおっしゃっていた企画書の表紙、いろいろ探したのですが、これにしました」

Ｂ「わざわざ変更してくれたのに申し訳ない！　新しい案を見せてくれたおかげで、あらためて前の表紙の落ちついた感じがいいかなと思ってしまって、悪いんだけどもう一度変更をお願いしてもいいかな？」

素直に自分の非を認め、「伝え方が悪くて申し訳なかったね」などと一言謝罪するだけで、まったく心象は違うものになります。

このような謙虚さがあるかないかで、コミュニケーションのとりやすさは大きく変わるのです。

なお、わかりやすいように「女性は」としてきましたが、近年は10～20代の若い男性の中にも共感を求めるタイプの人が増えてきている印象があります。

ダイバーシティ（多様性）の時代です。相手が誰であれ別け隔てなく丁寧に接するということは、これからますます重要になってくるコミュニケーションの要素となることでしょう。

武器になる話し方

その25

従来のやり方、自分の都合を押し通さない。謙虚な姿勢が環境をよくする

第5章 人前で話す技術

26 「緊張のバトンを渡せる人」「反応のいい人」を見つけよう

緊張はするもの。だから対処法が大切

人前で話すのが苦手。絶対に話したくない。そんなふうに思う人は多いでしょう。人の前に立って緊張してしまうのは、当然のことです。役者であっても、歌手であっても、アスリートであっても、緊張をまったくしない人はいないでしょう。むしろ、適度な緊張や不安感がパフォーマンスを高めるという研究報告も多々あり、一概に緊張が悪いということはないのです。重要なのは、そのさじ加減です。

ここでは、過度に緊張することがなくなるように、苦手意識を上手に乗り越えていく方法を2つご紹介しましょう。

1 緊張のバトンを相手に渡す

1つ目は、**「相手に緊張のバトンを渡す」**方法です。

どういうことかというと、相手に発言権を投げて、緊張させてしまうのです。たとえば研修や講演会などでは、

「……ということですが、ご自分に置き換えてみるといかがでしょう？（指名して）どうですか？」

と質問を投げかけて指名したり、

「では、今のことについてお隣の方と意見交換してみてください。その後、発表していただきます」

と、隣の人同士で話をしてもらうような方法です。

実際に、参加したイベントや研修などでこれをやられた人もいるかもしれません（笑）。しかし講師の側に立ってみると、こうして相手を緊張させる（発言させる）ことで自分の緊張がスーッと和らいでくるのです。

特に大人数の際には、双方向で会話を盛り上げていく効果もあるのでおすすめできます。

2 反応がいい人とコミュニケーションをとる

次に、これは1よりも少々高度な技になりますが、「聞き手の中から、反応のいい人を見つけていく」ことです。

反応がいいとは、

・大きく、頻繁にうなずいてくれる
・「へぇー」「ほう」と声に出してつぶやいてくれる
・驚きの表情、笑顔など表情豊かに反応してくれる
・笑ってくれる

こうした反応をしてくれる人のことで、参加者が10人もいればだいたい1人以上はこのような方がいるかと思います。そして、反応のいい人と積極的にコミュニケーションをとっていくようにしてください。

具体的には、

1　質問する
2　反応を拾って言葉にする
↓例「うなずいてくれてありがとうございます」「やっぱり、そう思いますか？」「ああ、素晴らしい反応ですね」など
3　イジる（さじ加減には要注意。自信がなければやらない）

などです。彼らは、いわば「自分の話を助けてくれる人」であり、こちらの緊張を緩和してくれるだけでなく、その空間全体をなごませてくれる効果もあります。

あまり繰り返すと内輪感が出てしまうので注意が必要ですが、そのような存在の人がいてくれることで、次に人前に出るときの自信にもなります。

武器になる話し方
その26

話を聞いてくれている人を味方にすることで場をなごませることができる

27 「あなた」を主語にして、自分のこととして捉えてもらう

他人ごとではスイッチが入らない

そもそも1対1より人前で話すときのほうが難しいのは、明らかに「興味がない」「自分の話を聞いてくれない」人がいることがあるからです。

人に伝えるときの考え方の原則として心得ていただきたいのは、「人は自分の置かれた状況からしか物事を考えられない」ということです。

つまり、「自分の話じゃないな」と思った瞬間にスイッチがオフになってしまいます。

では、自分ごとにしてもらうにはどうしたらいいかというと、一番手っ取り早いのはメリットがある話をすることです。

そしてもう一つ覚えておいていただきたいのは、**「自分とどんな関係があるのか」**がわかると、聞く耳を持ってくれるようになるということです。

一見関係ないと思うことかもしれませんが、実はあなたの人生に大きく関係しているんですよ、ということが伝わると、人は真剣に聞いてくれるようになります。

そのために有効なテクニックとしては、「あなた」を主語にして事例をつくることです。

たとえば、

- 「○○さん（あなた）が、これからお店を始めるとしましょう」
- 「みなさん（あなたたち）がもし外国人と英語で会話して、一緒に食事をしなくてはならなくなったときには、何とか必死で伝えようとしますよね」

といった具合です。

このように事例を話す際に「あなた」を主語にして話すと、当事者意識が芽生え、一気に自分ごととして捉えることができるようになります。また、このように相手を主語にすると相手のメリットや尊重する気持ちが伝わりやすくもなります。

武器になる話し方
その27

真剣さには、「当事者意識のある・なし」が超重要。まずはここに火をつける

28 知識欲を刺激するひとこと、「鋭いですね！」

古典的な「さしすせそ」も使い方次第

1対1の会話と同様、複数の人前で話すときであっても、聞き方は非常に重要です。柔道などでは「受け身」がもっとも重要な基礎であるように、会話でも人前で話すときでも受け身は大事な要素になります。

会話における受け答えで特に重要なのが、あいづちです。

あいづちというと、一般的に会話の「さしすせそ」というものがありますね。たとえば次のようなものです。

会話のさしすせそ

さ…さすがですね！
し…知りませんでした！
す…すごい！
せ…センスがありますね！
そ…そうだったんですか！　そんなことがあるんですか！

こうしたあいづちは、使い古されたものとはいえ、実際効果的なことも多く、私もおすすめしています。

実は、私自身もある会社の営業マンの方にやられてしまいました。

雑談の中で、私があるシステムについて意見を話していたのですが、ひととおり話し終わると、その営業マンはひとこと、

「すごいですね。営業にとってかなりラクになるんじゃないですか！」

と言ってくれました。

どうという言葉ではないと思うかもしれませんが、これが実にわざとらしさがなく、こちらも思わず「よくぞ気づいてくれた！」という気持ちになってしまいました。「私のことを受け入れてくれた」という印象を与えてくれ、心理的な距離が一気に近づくのです。

特に、さ行の音は心地よく聞こえ、会話をしていてもじゃまになりづらいので、あいづちとして特におすすめできます。

知的な欲求が満たされると、人はノリノリになる

しかしながら、こうしたあいづちがあまり効果的でない人もいるのも事実です。

一概には言えませんが、事実をたんたんと積み重ねて話すのが好きな人や、言葉数が少ない人など、何を話しても会話の反応や表情が薄く、どうしたらいいかわからなくなるような場合、前述の「さしすせそ」のあいづちでは対応できないことがあります。

そのようなタイプの人と話すことになった場合でも使える、あいづちとして覚えておくといいフレーズがあります。

それは、**「鋭いですね！」**です。

このフレーズは人の知識欲求をくすぐります。「そこに気づくとは、さすがですね！」という意味を、たったひとことで表すことができるのです。

人に何かを説明しているときにも非常に効果的で、このフレーズをきっかけに相手が話に興味を持ってくれたり、ノリノリになってくれたりします。

たとえば時事解説でおなじみの池上彰さんは、「いい質問ですね」というフレーズを使います。これも言い換えれば「鋭いですね！」であり、「あなた、わかってますね！」「目のつけどころがいいですね！」ということなのです。

ひとこと感想を足すと信憑性が一気に増す

なお、あいづちのポイントとして最後におさえていただきたいこととして、あいづちの役割としてもっとも重要なのは、「私はあなたの話をよく理解できました」「あなたのことを受け入れています」というメッセージを相手に伝えることです。

そのためのテクニックとしては2つあり、「思わずつぶやくように言う」ことと、「自分の感じたことや感想をプラスする」ことを意識してみてください。

たとえば、このような具合です。

・「知りませんでした！　だから○○だったんですね」
・「すごい話ですね……。もっと早く知りたかったです」
・「センスあるなぁ……まったく思いつきませんでしたよ」

ちょっとしたことですが、いつもの聞き方にプラスアルファを加えるだけでふつうの話

図6　4つの「す」に自分の感じたこと、感想をプラス

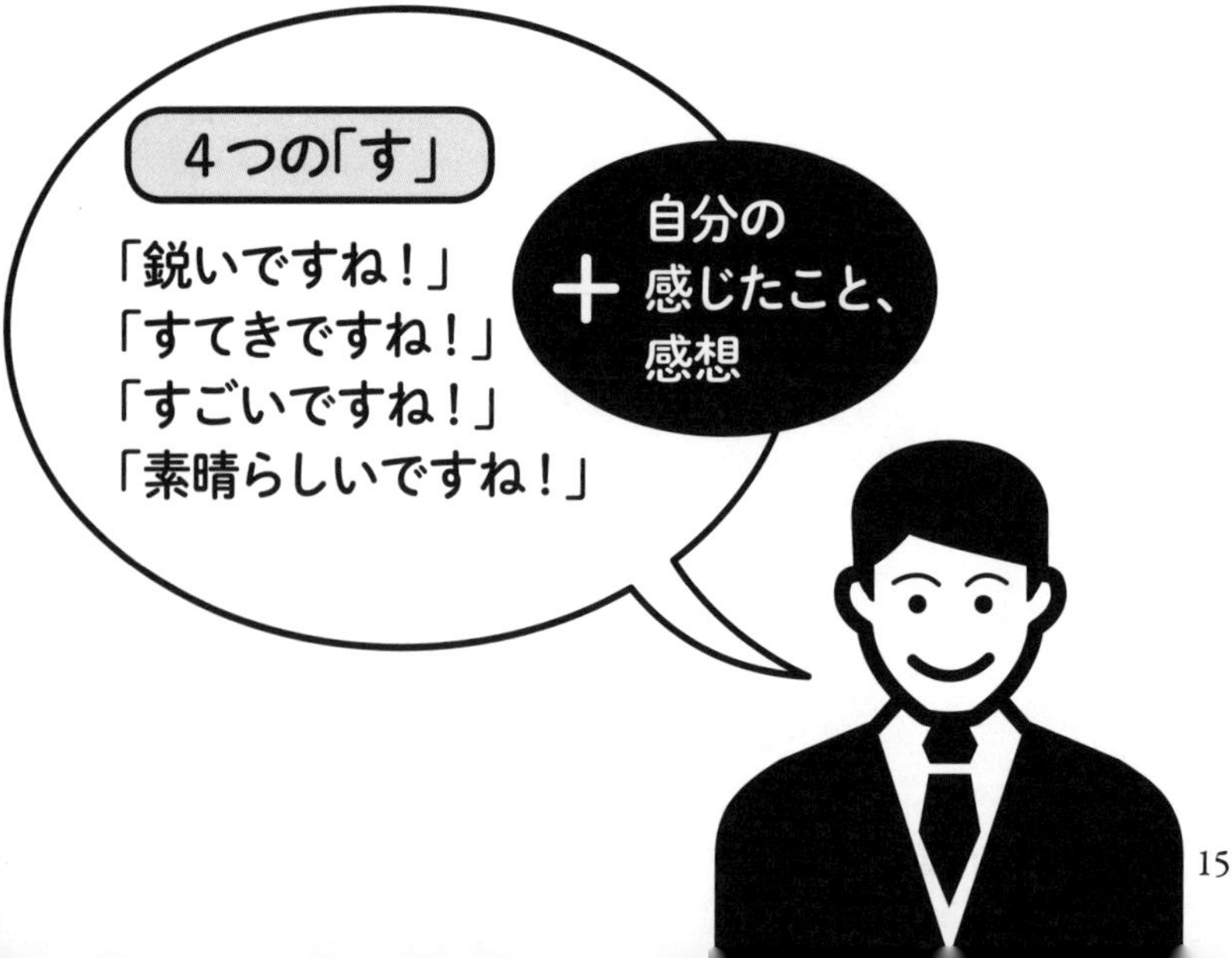

4つの「す」

「鋭いですね！」

「すてきですね！」

「すごいですね！」

「素晴らしいですね！」

＋

自分の感じたこと、感想

し方は武器に変わります。

「ここぞ」というときにぜひ使ってみてください。

武器になる話し方

その28

「あいづちの言葉」に、自分の感じたこと、感想をプラスすると、相手はノリノリになってくれる

29 笑いをとる方法、そして失敗したときの「簡単なリカバリー方法」

会話中に笑いを生み出す2つのポイント

人を笑わせるような楽しい話ができたらいいなと考える人は多いのではないでしょうか。

会話の中でユーモアのあることを言って人を笑わせることは、最終段階に目指したいテクニックです。笑いの効果には実にさまざまあり、

- お互いの距離を縮めることができる
- 場を和ませることができる
- 相手の興味をひくことができる

- **その場を盛り上げる**
- **話の内容にインパクトを与える**
- **複数の人数相手の場合、その場で会話の主導権を握ることができる**

など数多くのメリットがあります。

しかし、そのような効果がある分、さまざまな会話のテクニックの中でもっとも再現性が難しく、難易度が高いものでもあります。

まず、そもそもなぜ笑いが起きるのかというと、

その場、その瞬間の会話の流れやトピックとまさにぴったり、的を射た

1　反応や言葉が出てくる
2　実例やたとえ話が出てくる

という要素があります。当意即妙《とういそくみょう》というものですね。

当意即妙だからこそ難しいわけですが、再現するためのポイントを見ていきましょう。

1 反応や言葉による笑い

1の「反応や言葉」というのは、とっさの一言で笑いを生むというものです。

こちらは、先日タクシーに乗った際に住宅街の自宅をタクシーの運転手に案内しているときにあったやりとりです。

私「この先の横断歩道を右折していただいて……」
運転手「はい……」
私「それでその角を左折……」
運転手「はい」
私「それでその壁にちょっとぶつかってもらってから、また左折……」
運転手「(笑)」

これくらい、ほんのちょっとしたことでいいのです。

通常の会話の中に、ありえないこと、大げさなことを言うことで「冗談ですよ」ということがわかりやすく伝わります。

2 実例やたとえ話による笑い

2の実例やたとえ話とは、「エピソードトーク」のようなちょっとした話になります。たとえば、次のようなものです。

私が何度もおじゃましたことのある大企業での管理職向けセミナーが毎回人気で、多くの管理職の方々にご参加いただいています。その中でのエピソードです。

「毎回、会議室の前のほうへ皆さんの席の間を歩いて登壇する際に『安田さーん』とか『安田先生』と声をかけてくれて、なんと！ ポンポンと肩を叩いたりしてくれるのです。それはまるで力士が土俵に上がるときのような感じです」

手前味噌で恐縮ですが、この話はよく笑っていただけます。

注意点として、この手のエピソードは、長くしすぎるのはいけません。長いほど「強いオチ」がないといけなかったり、聞いている人が飽きたりしますから、30秒〜1分程度の短いものがよいのです。

落語で言えば、枕《まくら》（本ネタに入る前のアイスブレイク）の中で出てくる「小咄《こばなし》」のようなイメージでしょうか。空気を軽くすること、気安さを生むことが目的ですから、大爆笑のエピソード！　という必要はありません。

通じなくても、楽しそうにしていればシラケない

しかし、やはり笑いを意識的にとるというのは難しいものです。

プロの芸人さんでも「すべる」ことがあるように、意図した反応を得られないことはあります。

大事なのは、そのときのフォローです。

私は、「あ、ウケなかったな」というときには、最低限その場をシラケさせないように心がけています。

具体的には、話したあと、自分で笑うのです。

119ページで「誘い笑い」をすると場が和むと言いましたが、それと同じです。たとえば、

「先日、急いでいたので思わず電車に駆け込んだんですが、隣にもう一人駆け込んだ人がいまして、脚力の差ですかね、私1人だけ取り残されたんですよ。ふふっ」

という感じです。

なるべく自然な笑いを最後に入れることで、話が伝わらなくても、笑いにならなくても、場がイヤな空気になることは少なくなります。

何より、そうすることで自分自身にとっても会話が楽になるのです。

武器になる話し方

その29

大爆笑ではなく、雰囲気がよくなることがゴール。「あ、ウケなかったな」というときには、自分で「ふふっ」と笑えばいい

第6章

声、表情、見た目、印象で損しないテクニック

30 「自分の音声を録音」して、話し方のクセがわかると一発で修正点がわかる

営業成績を劇的に変えた方法

話し方を自分の武器にするためには、話す際の声、表情、その全体の印象まで気を配らなければなりません。なぜなら、それらの影響は大きいからです。

本章では、あなたの声、表情を磨き上げる方法をご紹介しましょう。

第1章の32ページで、「声は高めがいい（ドレミファソラシドのファかソの音）」とお伝えしました。

自分の声を改善していくには、自分がふだんどのような声で話しているのか客観的に把握する必要があります。

具体的には、音声を録音することをおすすめします。

私は会社員だった頃、25歳で英語学校の大阪支店を立ち上げ、一人で営業をしていました。その頃初めての土地ということもあり、なかなか電話でのアポイントが取れませんでした。それまで東京では楽勝だったのに……とかなり苦しみました。

そこで、まずは自分の電話の声をテープレコーダーに録音し、研究してみたのです。聞いてみると、どうも自分で想像していたよりもかなり低めの声で電話をかけていました。聞いていてぶっきらぼうな感じの声でした。

そこで、努めて高めの、いい感じの声に意識して変えてみたのです。すると、途端にアポが取れるようになってきたのです。割合としては10社中8〜9社くらいでした。

誰もが自分の話し方にショックを受ける

いい声の目安としては、「自分が聞いて快適な声であるかどうか」です。

たいていの場合「快適ではない自分の声」を聞いてまずは愕然とします（笑）。

しかし、そうして自分と向き合うことが一番早い成長の手段です。それが良い・悪いではなく、「現状ではそうなのだな」と認識することが何より重要になります。

ふだんはまったくわからないことも、録音などを通して客観的に分析をしてみると、自分の話し方のクセがよくわかってきます。声の高さやテンポといった要素だけではなく、

- 「あいづちのとき〝なるほど〟を言いすぎだな……」
↓ 真剣に聞いていない感じがするから変えてみよう
- 「緊張していると早口すぎて息継ぎができていないな」
↓ だから話し終わると息苦しかったのか……次からゆっくり話してみよう
- 「もごもごして聞こえるのは、口が開いていないのかもしれない」
↓ もう少し口を開いてみよう
- 「〝とか〟って語尾をにごすクセがあるな……」
↓ 自信がなさそうに伝わるから言い切るようにしてみよう

といった具合です。
可能であれば、日々の雑談、初めての人との打ち合わせ、大人数の前でのプレゼンや講

演など、いくつかのシーンで聞き分けてみるとより本質をついた分析ができます。

武器になる話し方
その30

話し方の改善の鍵は、「自分の話し声を録音すること」。いい声の目安は、「自分が聞いて快適な声であるかどうか」

31 「脱・アナウンサーのような話し方」標準語で話さなくてもいい

「記憶に残りにくい声」がある

前節で声についてお伝えしましたが、会話において理想的な声とはどんな声でしょうか？

このように尋ねると、「テレビのアナウンサーのように滑舌のいい話し方になりたい」と答えられる方がいます。たしかに、彼らのように滑舌よく、よどみなく話すことができたらいいなと思うかもしれません。

しかし、テレビのアナウンサーのような声というのは、実は日常生活やビジネスにおいて「武器になる声」とは言えません。

その大きな理由としては、**「記憶に残らない」「流れていってしまう」声だから**です。アナウンサーという職業は、正しく読むこと、次に聞き取りやすさが重視されるので、エネルギーが乗りづらい声だとお伝えしました。

ですから、「もっと話を聞きたい」と相手に思わせることが難しく、そのために話の内容が頭に残りづらいという特徴があります。

会話において内容が残らないというのは致命的です。機械のような完璧さというのは、ときに無機質さを感じさせます。一方で、自然な声というのは、ほどよく感情が乗っており、多少の粗《あら》があります。そんな声こそが、実は武器になる声なのです。

「ゆらぎ」は人間味を出し、熱を伝わりやすくする

ところが、テレビなどの影響もあってか、私たちは言葉のイントネーションも標準語に合わせてしまう傾向があります。

標準語のほうが「正しい話し方」のような気がしますよね。

しかし、実際の会話ではそうではないのです。

むしろ方言独特のイントネーションがあったほうが聞き手をひきつけますし、本気度が

伝わりやすいのです。

その証拠に、私がこれまでお会いしてきた大企業の役員の方々やベストセラー作家の方々など、その多くが完全な標準語を話すわけではありませんでした。

みなさん、話の熱が高まった瞬間などにふと出身地のイントネーションが出てきて、またそれが魅力となって伝わってきます。

かくいう私も、出身地仙台の微妙なイントネーションが時々出ます。そしてこれを矯正することなく、あえてそのままにしています。特に講演のときに顕著なのですが、標準語とは違うイントネーションで話すと、聞き手のみなさんが注意を向け、耳を傾けてくれるのです。

もちろん、「～だっちゃ」と明らかな方言で話すわけではありません。**単語や語尾などにほんのちょっと標準語とイントネーションの違う言葉がある**ということです。この自然の中に生まれるほんの一瞬の違和感、ここに人は「人間味」や「熱量」を感じ、話に聞き入ってくれるのです。

このことを知っておくと、クセのない完璧な話し方がベストではないことがわかっていただけるかと思います。

武器になる話し方

その31

武器になる声とは、完璧な発声やよどみのなさではない。方言のイントネーションがちょっと交じったぐらいが魅力的

32 喉から声を出すのではなく、丹田から声を出すと、「伝わる声」になる

腹の底とは、どこにある？

「いい声だなぁ」と感じる人に出会ったことがあるでしょうか。

どうしても人に伝えたいことがあるとき、メッセージを伝える手段として重要になるのが、この「いい声」です。なぜなら、声がいいというだけで印象に残りますし、「もっと聞いていたいな」という気持ちにもなるからです。ここでは、そんないい声の出し方について考えてみましょう。

そもそもいい声とは何かというと、**「声のハリ」**と言い換えることができます。

声のハリというのは、単なる声の大きさや高さとは似て非なるものです。声が大きけれ

ばいいというわけではなく、低ければいい声というわけでもありません。

単に大きな声というのは、主張や要求を感じさせるものです。たとえば「選挙の演説」などがその代表ですが、街宣車が通ってきたときには、「うるさいなぁ」と不快になりますし、音は聞こえていても内容が入ってきません。

一方で、**ハリのある声というのは元気や熱意が感じられ、オーラがあると感じるような声**です。たとえば、素晴らしいミュージカルや演劇の役者さんの声は、ただ声が大きいだけではないハリを感じますよね。言葉の内容がしっかりと入ってきます。

決定的な違いとして、声のハリというのは、お腹の底から出てくるものです。「このメッセージを理解してほしい」という切実な思い、エネルギーから生まれるものだと私は感じています。

「丹田《たんでん》から声を出す」と表現することがありますが、丹田とはおへその下にあり、漢方医学などでは「気の集まる場所」と言われています。この、「腹の底から出てくる声」こそが、ハリのある声になります。単に喉から出す声とは、質がまったく違うものです。

最高のお手本は、「JET STREAM（ジェットストリーム）」のナレーション

張りのある声として私がお手本としてきたのは、お亡くなりになった城達也《じょうたつや》さんです。FMラジオの「JET STREAM（ジェットストリーム）」のパーソナリティを長年務めていらっしゃいました。

城さんのハリのある声は、

1 ゆったりしているけれどテンポがいい
2 速いけれどぞんざいではない
3 耳にどんどん入ってくるけれどイヤではない

なんとも味のある声なのです。

私は城さんのラジオのナレーションを何度も何度も聞き、城さんの声と同時にナレーションを語ったりして練習したこともあります。ユーチューブなどで検索してみると出て

きますから、聞いたことのない方はぜひ一度聞いてみてください。

2つのトレーニング方法の例

ハリのある声を出すためのトレーニング方法としては、次の2つをおすすめします。

1 電話でトレーニングする

電話は直接話をするよりも聞き取りづらいですから、いい声を意識しやすい場面です。特に、「はい、もしもし○○です」と、電話での第一声は自分の印象を左右します。トレーニングになると思って意識的に「いい声」を練習してみてください。

2 ローソクでトレーニングする

2つ目は、民謡歌手が行うローソクを使った有名なトレーニングです。

まず、口から15センチくらいのところにローソクを立てます。そして、この炎を消さないよう、ローソクの前で大きな声で話すというものです。炎を消さないとはつまり、口から空気が漏れすぎないように話すことになります。必然的に腹筋を使って声を出すことになります。

もちろん、ローソクを使わないでも構いませんので、試しに自宅でお腹の下のほうをさわりながら、声を出してみてください。腹筋が動いていないという場合、腹筋を動かしながら話す感覚をつかめると、「いい声」のヒントになると思います。

武器になる話し方
その32

「ハリのある声」とは、腹の底から出てくる声。おへその下から声を出してみましょう

33 あなたの印象を決定づける「表情」と「目力」

日本人ほど表情で損している国民はいない

私はこれまでさまざまなコミュニケーションの研修を行ってきましたが、どんなときでも必ずお伝えするのが表情についてです。日本人ほど表情で損をしている国民はいない、そう思うほどに、コミュニケーションをとるための顔ができていない人が多いと感じます。

なぜ表情が大事なのかというと、**第一印象は2秒で決まる**からです。2秒というのは、ほんの一瞬ですよね。言葉を交わす余裕はありませんから、だいたいの見た目や雰囲気だけで印象を決めるということです。

あなたもひと目会っただけの人に対して「いい感じの人だな」とか「……なんだかイヤな感じの人だな」とか感じた経験はありませんか？　それくらい、自分が気づかないくらいの無意識の判断をしています。

そんな第一印象の判断材料である見た目や雰囲気の大部分は「表情」が占めるのです。

これは広告、マーケティングの世界では有名ですが、人間は人の顔、表情に一番注意を注ぐような認知になっています。

考えてみれば、そうですね。人間はお互いに表情を読み取って相手を理解する、これがあるからこそ人類は集団生活を営めるのですから。表情を読み取ることはいわば人と切り離せない本能といってよいでしょう。

では、その表情はどうしたら相手に好まれる、好印象を与えられるようになるでしょうか？

それは**敵をつくらない表情、笑顔です。**

会話でいうと相手の話を聞いているときには真剣に、目を見開いて話しやすい雰囲気を醸し出します。また、自分が話すときには決して攻撃的にはならず、相手に不安や不快感を与えるような表情はしません。

では、具体的に見ていきましょう。

笑顔になることで「私はあなたを受け入れます」「私はあなたを攻撃しません」「私は味

方です」といった安心感や信頼感を言葉を通さずに伝えることができます。

そして、その笑顔を作るポイントとしては3つあります。

1　口
2　歯
3　目尻

です。

それぞれのパーツを特に意識することで最強の笑顔にすることができます。

1　口　口角を上げることですね。これはよく言われることですが、残念ながらできてい

図7　**笑顔を作るポイントは3つ**

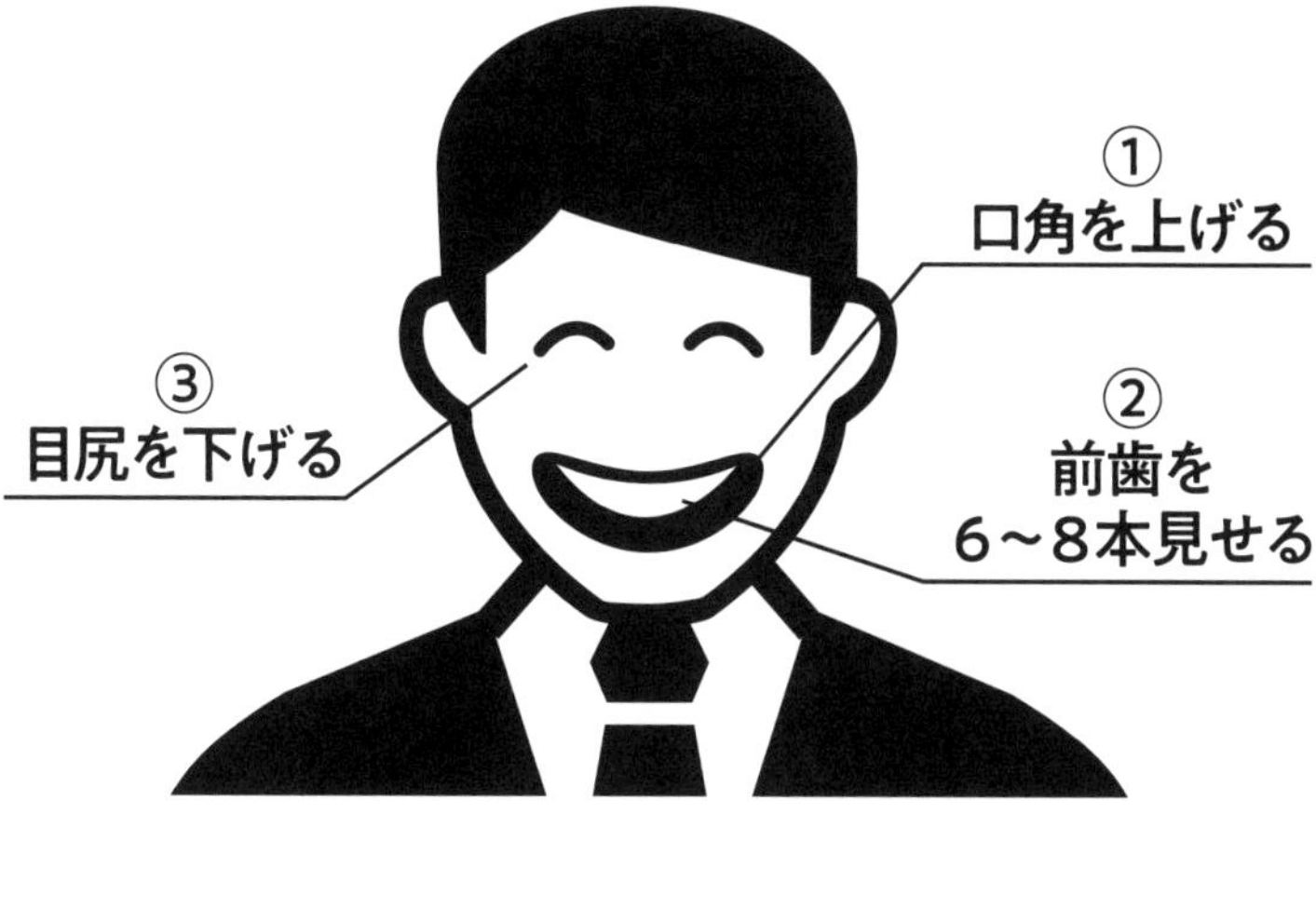
①
口角を上げる
②
前歯を
6~8本見せる
③
目尻を下げる

ない人がほとんどです。日本人の90％はできていません。ですから意識して口角を上げると頬の筋肉が突っ張ってくるはずです、それは普段笑顔ではないからです。ちょっと、口角を上げて普段の笑顔が足りているかチェックしてみてください。

2 歯 特に前歯です。相手に笑顔を印象付けるためには、**前歯を６～８本見せるくらいの笑顔**が必要です。これくらいでやっと「笑顔だ」と認識してもらえます。この前歯を見せた笑顔とは必ず肯定的な言葉とともに作られるものです。ですから、いつでもそんな言葉とセットであると体で覚えましょう。

3 目尻 最後に目尻です。目尻が下がった三日月のような形をした柔和な目です。イメージとしては相手の話を聞いている場面では、ちょっとうっとりしたような、まるで聞き惚れている、くらいの目を目指しましょう。

表情は自分ではわからないものであるので意識することは難しいですが、影響大なのでぜひマスターしていただきたいです。

話を聞くときには、目力が大切

またもう一つ大事なこととして、「目力《めぢから》」についてもお伝えしておきたいと思います。

みなさんほとんど意識されないと思うのですが、話し手にとって「この人は話をよく聞いてくれているな」「この人は聞く態度が素晴らしいな」と感じる差の一つが目力なのです。

実は多くの場合、人は話を聞いているときの目に力がなく、ちょっと虚《うつ》ろな印象があります。これでは「ぼーっとしている」「集中力がない」といった印象を与えてしまう可能性がありますので注意してください。

目力を出すには、相手の顔をしっかり見る意識が大切です。

ただ単に目に力を入れると相手をにらみつけることになってしまいますが、そうではありません。

普段よりちょっと目を開いて、「相手と向き合うぞ」という意識や、「今日はこのことを聞くぞ」というような目的を大切にしてみてください。そうすると、自然と目に力が入ってきます。

感覚がわからないなと感じる人は、一度鏡の前で、自分の目をのぞくようにじっと見てみてください。自然とクッと力が入るはずです。目力があるというのは、その感覚です。

そして、そのような目力のある状態で前述した爽やかな笑顔をすると、非常に魅力的な印象になります。

武器になる話し方

その33

言葉を発する前から勝負は始まっている。「いい笑顔と目力」が魅力を生み出す

34 自分のアピールポイントがもっとも伝わる話し方や見た目を選ぶ

自分のアピールポイントと外見や態度を一致させる

ぜひ日頃から考えておいてほしいのが、あなた自身のセールスポイントは何か？ということです。自分のあり方は、年齢や立場とともに変化していきます。

その状況に応じて、自分はどんなことをアピールポイントとして持っておくと人に伝わりやすいか、説得力になるかということです。

一般的な会社員でいうと、

・20代前半～20代半ば…若さ。新人ゆえの元気さ、やる気、明るさや素直さなど

の人間性
・20代後半〜30代前半…その業界での専門性や知識量。実績など
・30代半ば〜40代…マネジメント経験やその上で得た寛容さ、ベテランならではの深い専門性
・50代以降…豊富なマネジメント経験。柔軟さや信頼感、親しみやすさなど

このように、その年齢や立場、あるいは相手や状況に応じてアピールできるポイントというのは変わってくるということに注意が必要です。

たとえば、入社10年目の人が「経験はないですけど、元気だけが取り柄です！」「まだまだこの会社のことがよくわからなくて……」なんて言っていたら、「大丈夫かな？」と頼りない印象がしてしまいますよね。

つまり、自分自身のセルフイメージ、アピールポイントは常にアップデートさせていかないとならない、ということです。

どんな分野での専門家なのか、何が得意な人なのか、人に何を提供できるのか、経験をもとにどんな特性（性格や人柄、仕事の進め方や考え方など）を身につけてきたのかなど、

ぜひ定期的に点検してみてください。

数年に一度でいいのでやってみると、自分でも気づいていなかった強みが見えてくることがあります。その上で、そのアピールポイントに適した話し方ができるようになると、信頼感は高まります。

仕事における誠実さがアピールポイントならば、言葉づかいも若すぎるよりは敬語をメインにした丁寧な印象を与えたほうがいいでしょう。服装も奇をてらったものではなく、その職業らしいものや清潔感のあるものなど、誠実というイメージと噛み合うものを選びます。

このときのポイントとしては、世間のイメージから離れすぎないほうが無難だということです。**自分の考える強みと、世間一般から見られるイメージとを考えて、自分のアピールポイントと、それを的確に伝えるための話し方を考えてみてください。**

たとえば、税理士のように堅いイメージのする職業の人が金髪、Tシャツ、のような服装をすればとてもユニークで目立ちますが、何かミスをしたときには「やっぱりだらしない」といった致命的なイメージダウンにもつながります。

個性というのは自然と醸し出されるものですから、無理に演出をする必要はないのです。

あくまでも、自分という人間を理解してもらうためのきっかけとして、どのような話し方や見た目を選ぶのかということです。

自分のアピールポイントを振り返るチェックシート

- □あなたが仕事（あるいは人生）で一番大切にしていることはなんですか？
- □日常の中で一番好きな瞬間は、どんなときですか？
- □あなたが一番強みだと考える「専門性」はなんですか？
- □プライベートで経験してきた大変なできごとはどんなことですか？
- □そうした経験の中で身につけてきた性格的な長所はどんなものがありますか？
- □あなたの仕事や今の立場に、一般的に世間が求めるイメージはどんなものだと思いますか？
- □そのイメージに合った言葉づかいや表情は、どんなものだと思いますか？

これらをふまえた上で、自分に合った語彙、言葉づかい、態度、服装、髪型などを点検してみてください。

周りに合わせればいいというわけではなく、かといって尖《とが》っていればいいというわけでもないのです。自分自身の個性と世間のイメージとを総合した上で、自分の取るべきポジションを探してみてください。

武器になる話し方
その34

目立てばいいというわけではない。魅力という観点から自分を再構成する

第7章

会話がどんどん続くテクニック

35 会話中、聞き手がだれてきたときの「ね？　○○さん！」テクニック

名前を呼ばれると、意識が覚める

人の話を集中して話を聞き続けることは、非常に難しいものです。

どれだけ話し上手な人でも、「中だるみ」する場面はあります。途中で飽きてしまってつい会話とは関係ないことを考え始めたり、眠くなってしまったり……。

もしもあなたが話しているときに、聞き手がそのような状況になったらどうしますか？

「聞いてください！」と怒るわけにもいきませんよね。

そこでおすすめしたいのが、相手の名前を呼ぶというものです。

たとえば会話の途中、

「……ということで驚きましたよ山田さん。これ本当にあったことなのですよ。信じられますか？」

といった感じで名前を入れて呼びかけたり、話の途中で、

「先ほどの遠藤さんの話に出てきたように……」

と、起こしたい相手の名前を入れます。

自分の名前を呼ばれた途端に一瞬で緊張感が生まれ、ハッと目覚めることができます。眠気を吹き飛ばし、集中力を取り戻すのにとてもいい方法です。

意識的に名前を呼ぶ

名前を呼ぶのは、初対面でも非常に有効です。

名刺交換をしたあとなどは、とりわけ意識して名前を連呼するとよいでしょう。名前を呼ぶことで「自分のことを尊重してもらっている」という気持ちになり、お互いに距離感が縮まる効果もあります。

しかし、このことをお伝えすると「でも、私は名前を覚えられないのですよ」という方がよくいらっしゃいますが、それはむしろ逆で名前を口に出さないので覚えられないのです。何度も口に出せば、自ずと覚えてきます。

私自身は、早く名前を覚えるため、いただいた名刺をすぐしまい、自分にプレッシャーをかけるようにしています。

セミナーなどの大人数のときには、毎回スタッフに座席名簿を作ってもらい、それを見ながら話の途中に名前を呼びかけるようにしています。

「そう思われることはないでしょうか？　鈴木さん」といった感じです。こうすると、呼びかけた人だけでなく他の方たちにも一瞬、緊張感が生まれるのです。

このように、会話において「相手の名前」とはそれほど強力なアイテムなのです。

武器になる話し方 その35

会話中に相手の名前を呼ぶことは、
①集中力を取り戻す　②名前をすぐ覚えられる
③相手を尊重する心が伝わる

36 重要なポイントを整理し、「目的と要約」を伝えてから話す

ダラダラ話すと何も伝わらない

「伝わりづらい」話の特徴の一つに、話がダラダラ長く続くことがあります。
たとえば、次のような会話があったとしましょう。

伝わりづらい話し方の例

「昨日のイベントでお話を聞いたのですが、最近の傾向としては中小企業の業種にかかわらず外国人はじめ多種多様の人たちを雇用するようになっているようです。みなさん『そういう時代になりました』と口々におっしゃっていました。考

えてみると全体として人手不足は相変わらず続いていますし、転職率も相変わらず高いですし、各社、人材確保は今も課題のようです」

多くの方が、一度聞いただけでは「何を言っているのかわからない」状態になると思います。

話にメリハリがなく、どこがポイントなのか、どんな目的を持って耳を傾ければいいのかわからないですよね。

しかしながら、これは他人ごとではないのです。実は私たちは、かなりの割合でこのような話し方をしてしまっています。

その原因は、あらかじめ「何についてどのようなポイントについて話すか」決めずに、まったくのプランなしに話し始めてしまうからです。

特に、話を聞いてもらうには「簡潔に表現する」ことが重要です。

具体的には、要点を一つにまとめ、「何のための話か」を話の冒頭で伝えます。

右の例は、

簡潔に話した場合の例

「昨日の話のポイントは一言でいうと『多くの企業で多様性を取り込まなければならない状況になっている』ということです。具体的には……」

このようにシンプルにすることができます。

この形であれば、話のゴールがはっきりしているので詳細が聞きやすいですよね。話のポイントを予告するだけでなく、一文を短くすることも、聞いてもらいやすくするために大切な要素です。

特に、自分の専門領域を人に伝えるとき、話し手と聞き手の間に大きな知識や経験の差がある場合には、この形を心がけてください。

自分が話しているとき、聞き手が「興味なさそう」「理解できていなそう」と感じる場合には、話の目的が伝わっていない、一文が長い、詳細な情報が多すぎる、といった原因が考えられます。

そんなときはぜひ、このフォーマットにのっとって話をしてみてください。

武器になる
話し方
その36

情報量が多ければいいというわけではない。シンプルに、一文を短く、目的をはっきりとさせて話しましょう

37 図を使いながら話すことで、話が迷子にならない

図を使って話すといい理由

会議や打ち合わせのとき、こんなことが起きたことがないでしょうか。

A「……ということで、本企画については……えっと、何について話していたのでしたっけ……？」
B「3つ目のプランで実施する際に、準備はどの段階でやるのかという話だったかと……」
A「ああ、そうでした。すみません、自分でもわからなくなってしまいました……」

このように、会話の中であちこちに話が飛んでしまい、いったい何について話していたのか見失ってしまうことがあります。こうなってしまう原因は2つ考えられます。

1 何を一番伝えたいのかを明確にしていない（自分でわかっていない）
2 重要な情報と些末《さまつ》な情報が混在している

頭の中がこのような状態で話しはじめると、その瞬間瞬間で思いついたことをとめどなく話すようになり、あちこちに話が飛んでしまいます。そして、そのうち自分でも「何を話していたんだっけ？」という状態になってしまうのです。

そこでぜひ、話の途中で迷わず、ゴールにたどり着けるように図で示しながら話をしてみましょう。

会話の際、図を使うケースは2つ考えられます。

1 自分の話を図で示す

自分の話を解説するのに図を使う場合には、聞き手が図のどこを見ればいいのかをマーカー（ホワイトボードでは赤字）などで記してあげると正確に伝えることができます。これは自分で今、何の話をしているか迷わないためにも、相手に自分の話を正確に理解してもらうためにも有効です。

2 相手の話を図で示す

お互いの意見交換を経て、どういう理解や合意に至ったのか明確にするのに有効です。「ここまでの話をまとめますと……」と言って相手との話を図にしてみます。

図で確認していくと認識の違いも起きづらい

特に言葉のやりとりだけでコミュニケー

図8　会話で図を使う2つのケース

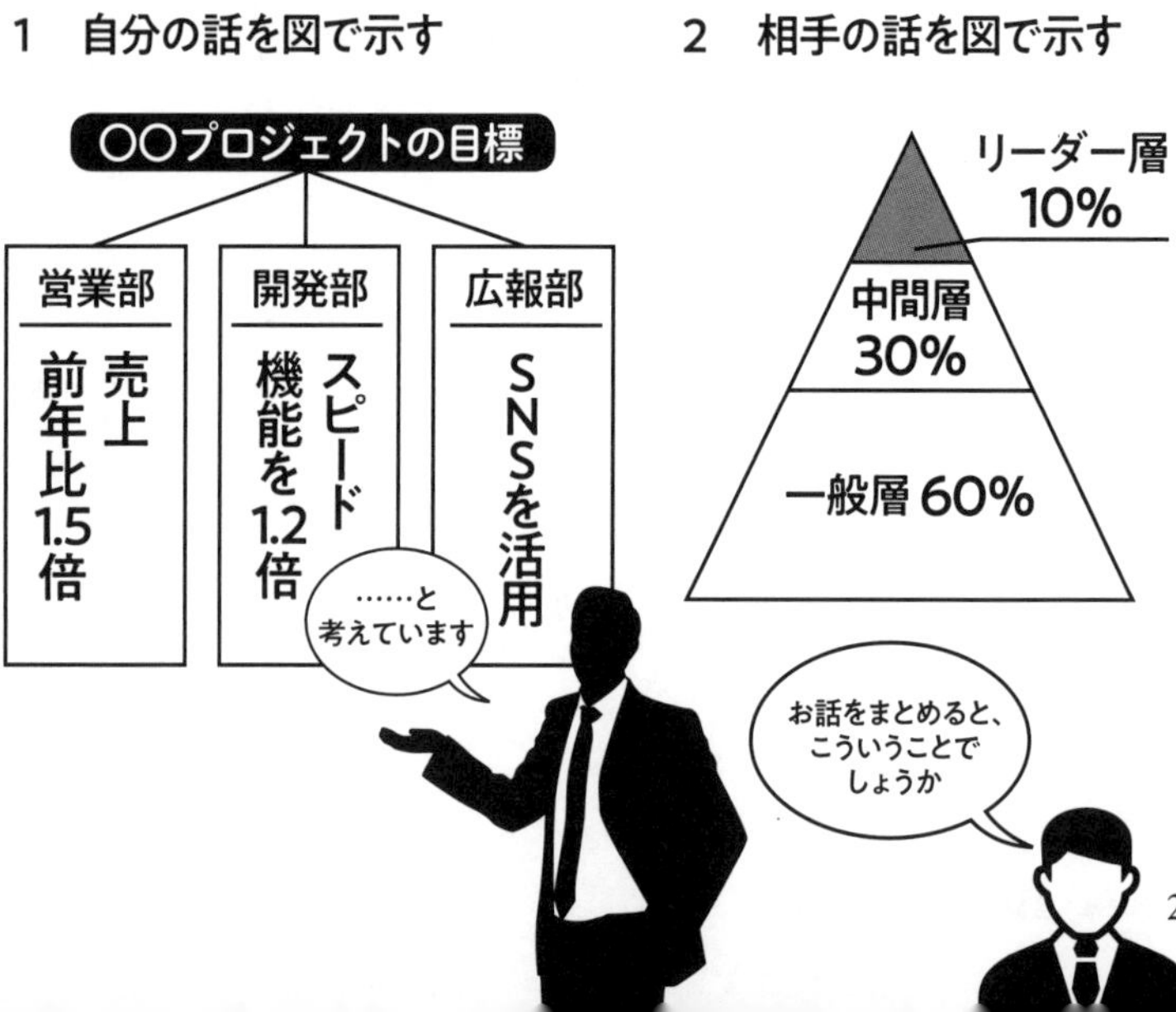

ションを進めていると起こるのが、

- ・「言った」「言わない」問題
- ・お互いの認識違い問題
- ・話の一部しか理解できていない問題

ですね。これは、図を描いてコミュニケーションを進めていくことで解決することができるでしょう。私は日頃から、打ち合わせなどでもホワイトボードがなければノートを持ち歩き、いつでも図を示しながら話をすすめるようにしています。

武器になる話し方
その37

図を使いながら話すことで、①理解が早くなる　②理解が深まる　③認識や情報のすれ違いが起きづらくなる

38 「その話題、興味ないです！」自然に話題を変える5つのステップ

質問をベースに話題の軸をずらしていく

気心の知れた人であれば、話の話題で困ることはないでしょう。しかし、問題はあまり知らない人、それほど仲が良くない人との会話です。

たとえば、レストランやバーなどで初めて会う人と雑談するのが苦手、という人は多いのではないでしょうか。

こちらが話したくなくても、相手が人懐っこく話しかけてきてくれる場合があります。それ自体はよいのですが、おしゃべりが好きな人であればあるほど「相手の興味とは関係なく話し続ける」傾向があるというのが難点です……。

興味がまったくない話を、あまり知らない人としているのは苦痛な時間になってしまう

でしょう。そこで、そのようなときに話題を緊急に方向転換する質問テクニックがあります。

私があるとき馴染みのバーで1人で飲んでいた際に、中年の男性に気さくに話しかけられました。とてもいい人だったのですが、一つだけ残念なのが、彼が好きな演歌を私が得意でないこと……そんな中、5分以上演歌についての話が続いていました。

さすがにそろそろ話題を変えたいと思い、使ったのが次のテクニックです。

男性「……で、私、北島三郎のコンサートにも行ったことがあるんです……」

私「へぇー北島三郎いいですよねぇ。お好きなんですか……

私はエルトン・ジョンが実は好きで……」↑（ここで次の質問へ移る素地を作ります）

男性「へぇー、その人どの国の人なの？」

私「イギリス人です。私、実は30年以上も前にイギリスに留学したことがあって、もうエルトン・ジョンとともに人生生きているくらい好きなんですよ。

好きな歌手がいるっていいですよね。好きな音楽はいつ聞くことが多いのですか？」

↑（話題を緊急停止させる質問）

男性「寝る前とかですかね……」←（話題にノッてくる）
私「私もですよ。なかなか寝つきが悪いもんで、あなたは寝つきがいいですか？」
←（話題変更）

このように、最終的にはまったく違う話題に移ることができます。
ポイントを整理してみると、

5つのステップ

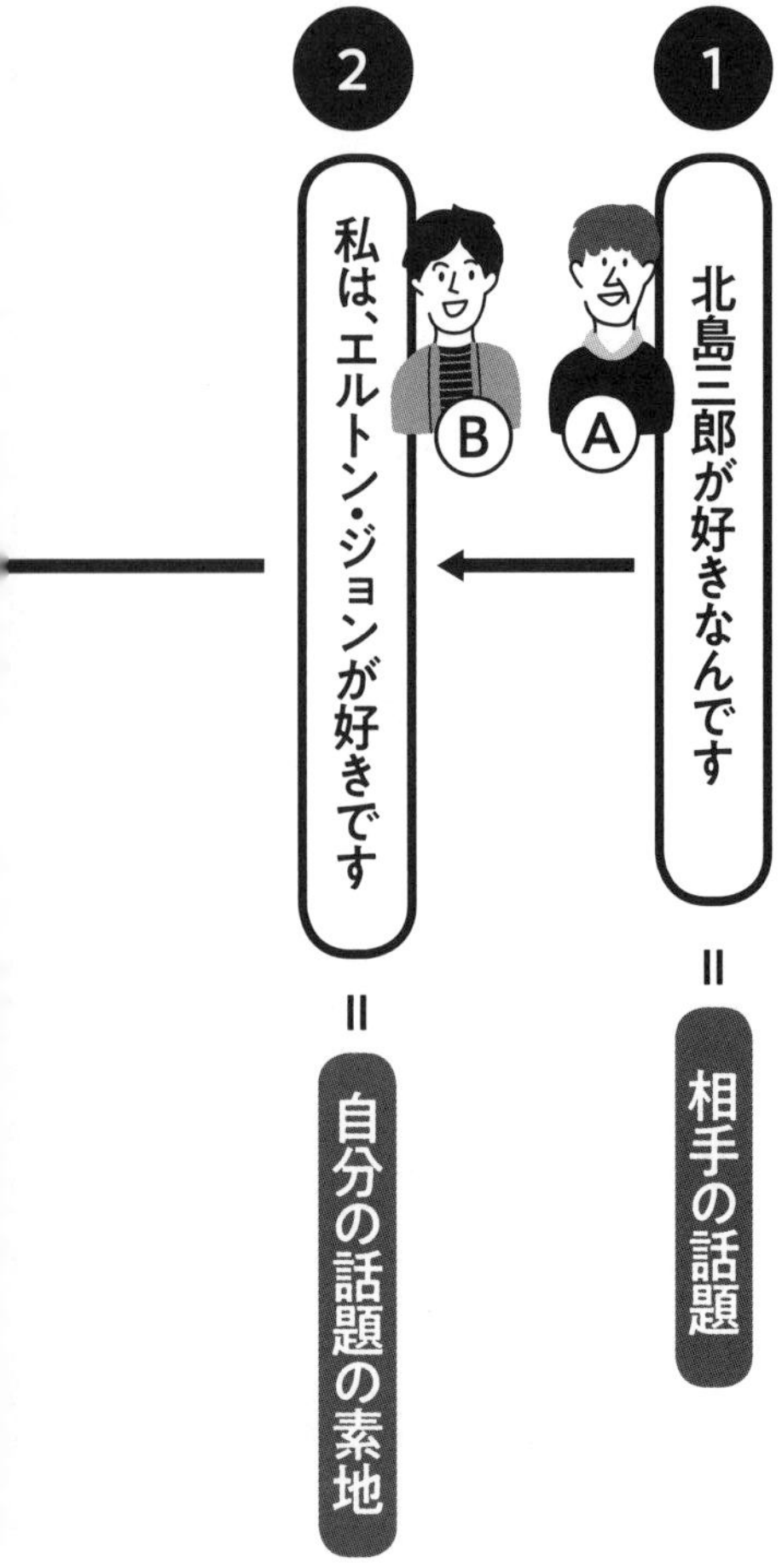
1
北島三郎が好きなんです
＝
相手の話題
A
B
2
私は、エルトン・ジョンが好きです
＝
自分の話題の素地

図9　自然に相手の話題を変える

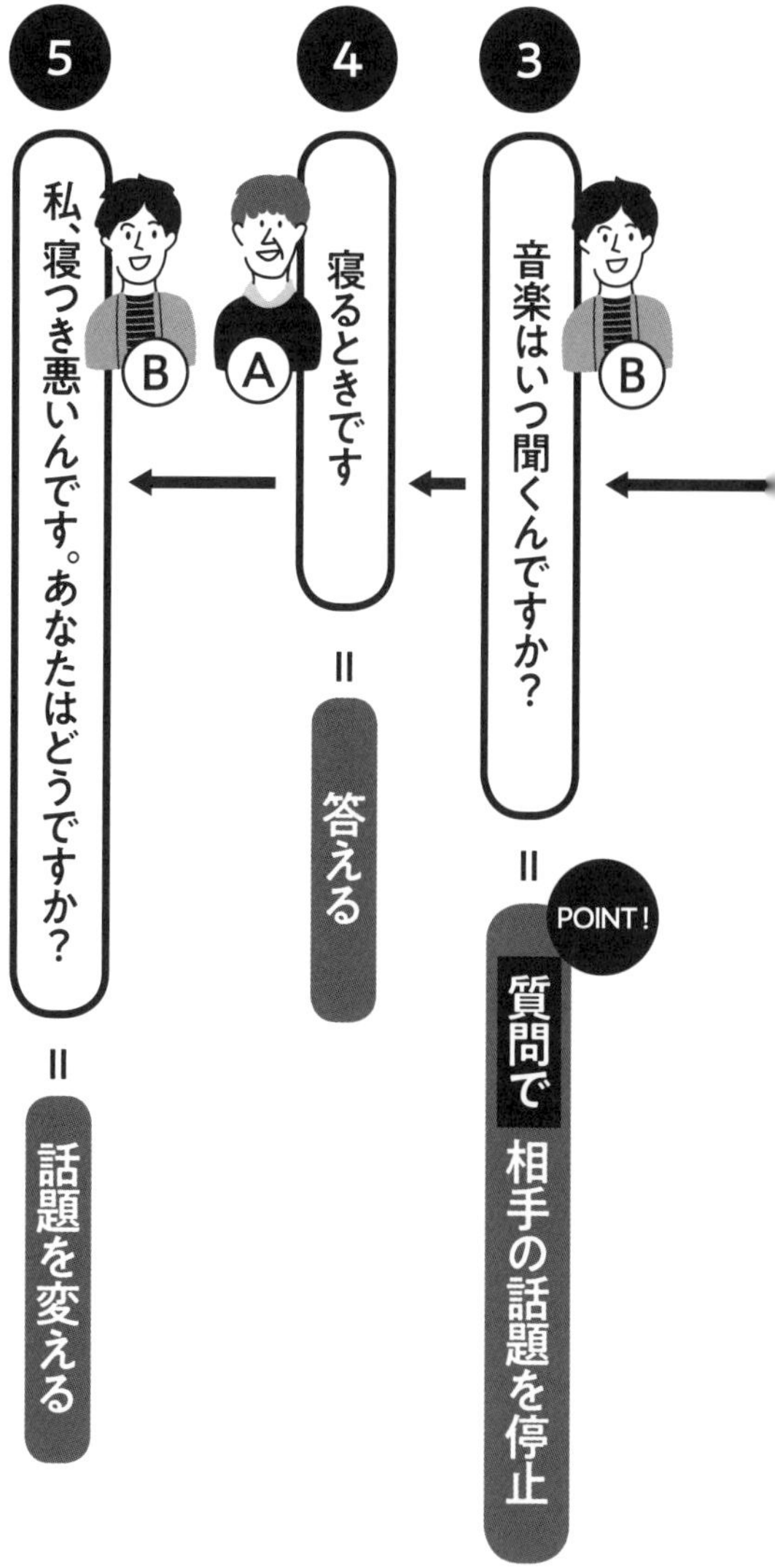
3
B
音楽はいつ聞くんですか？
=
POINT！
質問で
相手の話題を停止
4
A
寝るときです
=
答える
5
B
私、寝つき悪いんです。あなたはどうですか？
=
話題を変える

このように、まったく関係ない話をいきなりするのではなく、質問をベースに流れを変えているので相手の気持ちを損なうことはありません。

特にポイントとして重要なのは2と3の部分で、質問の布石として相手の話題に乗りつつ、ちょっとだけ軸をずらすのです。

ここでは好きな歌手でしたが、好きな映画、好きなスポーツ、どんな話題のときでも、その分野の中で、違ったものを口にします。たとえば、相手が野球の話をしているのなら、「私はテニスが好きで」というような形です。

そして、3の「相手の話題を停止させる質問」をします。「いつ」「どこで」「誰と」「どのように」といった質問がいいでしょう。

・いつ……「いつ見るのですか」
・どこで……「自宅で見られるんですか」
・誰と……「奥様と見られるんですか」
・どのように……「テレビで見られるのですか」

このような具合です。

そして、この質問に答えてもらえたら、関連した別の話題にもっていくことができます。

やや高度な技術なのですが、特に初対面の人とであれば練習もしやすいですし、コミュニケーションの訓練として非常におすすめできる方法です。

武器になる話し方

その38

相手の話をさえぎるのではなく、まずは質問をして相手の話題を停止させる。その後で、別の話題を振ればいい

39 話すのが苦手な人を「イエス、ノークエスチョン」でサポートする「天岩戸作戦」

相手の会話のテンポが遅いと感じたら

A「それで、Bさんはこのことについてどう思われますか？」
B「えーーーーっと……」
A「何でもいいのでご意見をください」
B「うーーーん………」

人は十人十色です。質問にすぐ答えられる人がいる一方で、会話のテンポが遅かったり、質問されてもすぐには答えが出てこなかったりする人もいます。

このようなタイプの人にとって、

「○○さん、どうですか？」

と意見を聞かれることは大きなプレッシャーになり、よけいに焦《あせ》って言葉が出てこなくなってしまうことがあるのです。

イエス・ノークエスチョンをきっかけにする

では、会話のテンポがゆっくりな人と上手にコミュニケーションをとるにはどうすればよいのでしょうか？

おすすめしたいのは、こちらから**質問でサポートする方法**です。

といっても、自由な意見を求めるようなオープンクエスチョンではなく、答えやすい「イエス、ノークエスチョン」です。

- **「以前に、このようなことはおやりになった経験はありますか？」**
- **「外に出かけるのはお好きですか？」**

・「○○というツールをご存じですか？」

といったように、「イエス」「ノー」だけで答えられる質問をして、相手が焦る気持ちをやわらげます。このときは、いかにも楽しい雰囲気を醸し出すことがポイントとなります。口調も相手に「さぁ、話してください！」と仕向けているような印象を与えてはいけません。ソフトに接し、心理的なハードルを下げてもらうのが大切です。

イエス・ノークエスチョンを使った会話の例

自分「アウトドアはお好きですか？」
相手「いや～……私はもっぱらインドア派ですね」
自分「室内で過ごされることが多いんですね。そしたら、休日は映画を観られたりとか？」
相手「そうですね、最近はサブスクで動画ばっかり観てます」
自分「うわー、私も同じです！」

といった感じです。「何か話さなければ」というプレッシャーから徐々に解放され、だんだんと自分の意見を言いやすくなってきます。

「古事記」には、天照大御神《あまてらすおおみかみ》は天岩戸《あまのいわと》の洞窟に隠れてしまいますが、他の神々が楽しそうに踊ったり騒いだりして、天照大御神が自分から岩戸を開くのを待ち、誘い出したというエピソードがありますが、まさにそのようなイメージです。とにかく急《せ》いてはいけません。

特に会話のテンポが早い人は、沈黙に耐えられなくて矢継ぎ早に質問をしたり、ともすればイライラしたりする傾向があります。

そのようなことがないよう、「好む会話の型が違う」ということを理解した上でコミュニケーションをとるようにしてください。

糸電話で話していると思うと調整しやすい

反応やテンポが遅い人と会話をするとき、適切な会話のテンポは、「糸電話」をイメージするとわかりやすいでしょう。

A「もしもーし、聞こえますかー？」
B「はーい、聞こえまーす」

穏やかで、一つひとつの動作がゆっくりですよね。このようなイメージで、自分→相手→自分→相手と、言葉が出てくるまでに充分時間をとってください。

そして、相手から出てきた言葉に対しては大袈裟《おおげさ》なくらいの反応をしましょう。

武器になる話し方 その39

まずは「イエス・ノークエスチョン」で会話を広げて、たっぷり間をとって話すとうまくいく

40 年代の違う人と話すと磨かれる「多様性のある会話力」

年齢によって会話の仕方が変わっていく

私は現在60代なのですが、最近、自分の「会話」や「声」で歳を感じることが多くなってきました。まず、会話のテンポが以前に比べて遅くなってきました。これは、特に同年代の人と話していると感じます。

年齢とともにどうしても反応が遅くなり、「心地よい」と感じるテンポが若いときとは違ってくるのです。だんだんと遅いテンポのほうが話しやすくなり、人の話も聞きやすくなる傾向があります。

また、テンポ以上に変化を感じるのが声です。どんなに素晴らしい歌手でも歳と共に声がかれる、声量が小さくなってしまうように、声が出づらくなるのです。

そうした肉体的な衰えというのは、知らずしらずのうちに伝える力も奪っていきます。ついついラクをして、言葉や知識のインプット・アウトプットがおろそかになってしまうのです。

そこで、ぜひおすすめしたいのが自分とは違う年代の人と話すことです。これは年齢に関係なく、若い人でも私と同年代の人でも同様です。

「違う人」とふれることで磨かれる伝え方

違う年代の人と話すことの何がいいかというと、会話の話題が広がること、伝える力が上がることなどが挙げられます。

さまざまな研究で、脳には新しい刺激が重要だという報告が出ています。いつも同じことを繰り返すのではなく、いつもと違うことをしたほうが脳にはいいということですね。

その点、年代の違う人との会話は非常にいい刺激になります。

たとえば、年代の上の人が若い人と話すと、そのテンポの速さや、まったく知らない話題を教えてもらったときに脳が活性化するのです。話についていこうとするだけで、脳の衰えのスピードを遅くすることができます。

また、若いエネルギーと接していると純粋に声にもハリが出てきますし、「若いときの感覚」を思い出すためにも重要です。

反対に、若い人が上の年代の人と話すときには、「いつもどおり」では100％伝わらないという教訓を理解するのにいい機会です。

年齢が高い人ほど会話のテンポは遅めを好むとお伝えしているように、話すスピードはゆっくりのほうが相手も聞き取りやすく、理解しやすくなります。

また、使う言葉もいつもと同じではなく、より伝わりやすい表現を研究する必要があるでしょう。

たとえば「ＶＲ（仮想現実）」がどのようなものか、ゲームなどにまったくなじみのない人にどう伝えたらいいでしょうか？　「ＰａｙＰａｙ」のような電子マネーの使い方を、自分のおじいちゃん、おばあちゃんにどう伝えるでしょうか？

同年代や仲間内に話すときとは違う説明の仕方が必要になることが、わかると思います。

このように、年代の違う人と話すことで、互いに伝え方やその内容がブラッシュアップされていくのです。

受け入れなければ、止まってしまう

違う世代の人と話すというと、そんな機会なんてないと思われるかもしれませんが、実際にふれあわなくても構いません。

今はネットを通じて、さまざまな人の話を聞くことができますよね。

特に重要なのは、**自分にとってはまったく理解できないこと、賛成できないことについての意見を聞いてみる**ことです。相手を受け入れるという前提や知識がないと、違う世代の人は違う生き物のように感じて拒絶や批判をしてしまうでしょう。それでは、人の脳は止まってしまうのです。

一方で迎合する必要もなく、ただ単に「そういう考え方もあるんだな」と受け入れることが第一です。良い悪いも優劣もなく、フラットに受け止めます。この姿勢のあるなしが重要なのです。

そもそも、今最先端の話も10年経てば陳腐なものになっていきます。「わからないので教えてください」という意識がなければ、自分はどんどん置いていかれてしまうのです。

これは話し方に限った話ではありませんが、新しい時代にストレスなく対応できる人というのは、自分が無知であることを知っている人だと思います。

武器になる話し方

その40

知識、思想、価値観、年齢が違う人の話を聞くことは自分のアップデートにつながる

41 何気なく「ヤバい」を使うことで、思考力は徐々に弱っていく

ヤバいでは本質がわからなくなる

ＳＮＳなどの影響などが大きいと思うのですが、「短くインパクトのある言葉」が好まれていますね。「パワーワード」などと言われたりしています。

その流れは会話の中にも感じ、会話の中で話す文章が短くなり、簡単な単語でものごとを表すことが増えているように思います。「ヤバい」などという言葉は、その代表でしょう。

何か問題が起こると……「ヤバい！」

何か素晴らしいことが起こると……「ヤバい！」

驚いたときには……「ヤバい！」

非常に便利な言葉ではあるのですが、このような表現は、「話し方」という観点から見

ると「自分の言いたいことを的確に伝えられない」状態を招きやすくなります。

なぜならば、「ヤバい」の尺度は人それぞれ違うからです。

たとえば、美味しい大福を食べたとします。

「この大福、ヤバい！」と言ったとき、その意味が「私が今まで食べてきた大福の世界観がひっくり返るほどなめらかな触感で感動した」のか、「今まで食べきた中で一番塩味がきいていて新感覚で驚いた」のか、といった物事の本質的な価値観の説明をおろそかにしてしまうのです。

そもそも思考というのは、言葉でできています。ですから、なんでも「ヤバい」と言ってしまう習慣がすっかり身についてしまうと、表現力がなくなってしまうだけではなく、思考も浅くなっていく可能性があります。物事を掘り下げて考える、文脈をつなげて意味をつむぐ、といったことができなくなってしまうのです。

映画でいえば、「プロット」「役者」「演出」「映像美」「カメラワーク」「音楽」といったさまざまな要素があります。「ヤバい」の一言では、そのどこが素晴らしいと感じたのか人に説明できませんし、自分自身でも分析ができなくなってしまいます。

自分を表すのに適切な語彙がある

またもう一つの注意点として、「ヤバい」などの画一的な言葉を多用するというのは、「没個性」にもつながります。

たとえば、ヤバいの他に「素敵」「かわいい」という言葉もよく使われますが、このような言葉に頼ると物事の本質を見失いやすく、「私の意見はみんなと同じです」と言っているのと変わりありません。

本来、言葉というのは自分自身を表現するための手段です。自分の思考や思いを、自分らしい言葉で伝えることで、その人のイメージや、味のようなものができていくわけです。

ところが、みんなと同じような言葉を使うことで、自分自身も「その他大勢の中の一人」になってしまいます。少なくとも、そう判断される可能性は高くなります。

もちろん、奇をてらって個性を際立たせればいいということではないのですが、自分の強みやセルフイメージと言葉がリンクしていくのが理想的です。

たとえば、次のような形です。

自分の与えたいイメージ：男性、ベテラン（経験20年）ＩＴエンジニアの管理職（部長）、エンジニアの専門性と指導する立場という信頼、成熟

↓増やしたい語彙：ビジネスにおける経済、テクノロジー関連の言葉（専門性を示す）、ことわざ、四文字熟語、古典の中の言葉（指導者であることを示す）

このようになります。

言葉というのは、意識的に磨かないとついつい周りに合わせて同じように話してしまうものです。長ければいい、短ければいい、難しければいい、ということではありません。

「自分を表すのにほどよい語彙」があるのです。

そのためには、積極的にインプット・アウトプットしていくことが重要になります。

私自身は、本、テレビ、ユーチューブなどを見る中で気になる言葉があれば、その場でスマホにどんどん入力していきます。

そして時間があるときに、雑談ついでに覚えた言葉を披露して解説するなど、なるべく新しい言葉を取り入れつつ、その中で自分らしい言葉を探すようにしています。

武器になる話し方
その41

言葉は、自分のイメージや思考を作るもの。便利な言葉に逃げずに、表現を追求してみましょう

42 相手の「ヤバい」という言葉は一度受け止めて、言葉に合わせて距離を縮める

相手の使う言葉を観察する

あなたは相手の使う言葉（語彙）に注目したことがあるでしょうか？　人は一人ひとり、無意識のうちに使う「自分の語彙」というものがあります。たとえば、

- ・固い感じの言葉を使う人 ↕ 軽めの感じの言葉を使う人
- ・言葉の種類が多い人 ↕ 言葉の種類が少ない人
- ・英単語を多用する人
- ・自分の専門用語を多用する人

などです。

それぞれ傾向があるのでそれらを理解し、また最初の段階では相手との距離を縮めるために相手のボキャブラリーを使って会話していくのがよいでしょう。

このように細部にまで意識できるようになると、お互い気付かぬうちに親しみがグッと増していきます。


たとえば、先日初対面の30代の若い方と一緒にゴルフをしていたときのことです。最近の若い人にありがちのことですが、ゴルフ中の会話でいいショットを打っても、

「ヤバいですね」

いいコースに飛ばしても、

「ヤバいですね」

プレーが終わり、ランチに美味しいとんかつを食べても、

「ヤバいですね」

と連呼している方がいました。

そんなときには内心「もっと語彙を広げられないものか」と思ってしまうものですが、

相手との距離を縮めるためには苦言から入るのはよくありません。何事にも段階がありま
す。まずは**相手の語彙に合わせてから、できれば相手が使う語彙を使ってこちらから距離
を縮めていく**必要があります。

そこで私は普段は決して使わない言葉ですが、意図的に彼の語彙に合わせ、一緒に「ヤバいですね」を口にしていました。

おかげで最初は年齢もかなり上の私に緊張していた様子の彼も、すっかり打ち解けてきて「ぜひ、またやりましょう」となりました。こうして、前回よりは徐々に私の語彙も使っていく段階になります。

初対面では、会話の中で相手の語彙を見極め、相手に合わせる

若く筋力もある彼は最初280ヤードもボールが飛び、2人して、「ヤバいですね」と言い合っていたのですが、何とその後350ヤードまで飛ばしてしまったのです。私としてはさすがに、

「ヤバいですね」だけでは表現しがたくなり、

「すごい！　このすごさはどう言っても誰も信じてくれないでしょうね。ほんとに、**筆舌《ひつぜつ》に尽くし難い**ですね。３５０ヤードなんて」

と口から出てしまいました。

すると彼は、

「えっ、それはどういう意味でしょうか」と尋ねてきました。**彼が私の語彙に興味を持ってくれた**のです。

「まさに言葉では言い表せないくらいすごいってことです」

と説明すると、

「それ、便利な言葉ですねぇ」と感心してくれました。

私は、

「そうですよね、３５０ヤードなんて本当に何とも言葉にはできないくらいの驚きですからね」と返しました。

さらに彼は、

「筆舌に尽くし難い、イケてるなぁ。今日帰ったらうちの妻にも言って自慢しよう」と感心しきりでした。

このとき、改めて会話でお互いの語彙がお互いの距離感に大いに影響していることに気づきました。

私は、どちらかというと丁寧で難解な語彙が好きですし、そういった言葉を使う傾向があります。

しかし、あまりにも私のボキャと離れた相手にこれらの言葉をどんどん使ってしまうと反感をかってしまったり、理解されなかったりすることがあります。

ですから、特に初対面では相手の会話の中で相手の語彙を見極め、できれば相手の使う言葉を使って話をしていきます。

こうすることで、最初の人間関係を築く段階で距離をグッと縮められ、共感が生まれ、仲良くなっていくのです。

武器になる話し方 その42

相手の距離を縮めるには、最初は相手の言葉に合わせて、その後、「自分のボキャブラリー」を徐々に交える

43 話に勢いとリアリティが生まれるオノマトペ・トレーニング

話にイキイキとした印象を与えるオノマトペ

語彙を高める一つのコツとして、オノマトペがあります。オノマトペとは「擬態語」というもので、「ハキハキ」した声、「バンバン」売る、「サッサ」と仕事をすます、などその様子や状態を伝えることができます。

オノマトペを効果的に使うと、臨場感のある会話ができるようになります。また、「カンタンそう」な響きもあり、親しみやすさも感じるでしょう。

オノマトペを上手に使っているのが、関西弁です。

・「パーっとやればええやん」

・「そこまっすぐガーっと行って、右に曲がったらすぐや」

など、ちょっとオノマトペを使いすぎてよくわかないときもありますが（笑）、あのテンポのよい会話の中でオノマトペを効果的に使う、イキイキとしたダイナミックな感じは毎回おもしろく、興味深く感じます。

しかし、注意点としては使いすぎると何を言っているのかわかりづらくなるので、ここぞ！　というポイントで使うことをおすすめします。

日本語オノマトペは約２０００語あるとも言われていますが、ボキャブラリーの中に５００～６００語くらい入っていると会話の中でもイキイキと使うことができるでしょう。

ここで、オノマトペを使った表現のトレーニングをしてみましょう。

オノマトペ・トレーニング　1

1　次のオノマトペを用いて文章を作ってみましょう。

ピカピカ

ふわふわ

モチモチ

このへんは、基本的なところ。簡単ですよね。では、次はどうでしょう?

オノマトペ・トレーニング 2

同じ「笑う」の表現でもオノマトペを使い分けてみましょう。ただ「笑う」というのではなく、次のオノマトペが相応しくなるような文章を作ってみてください。

ケラケラ
ゲラゲラ
クスクス
ニヤニヤ
ニタニタ

トレーニング1の文章例

ピカピカ　ピカピカに磨いた鍋　その車は洗車したてでピカピカしている
ふわふわ　たんぽぽの綿毛がふわふわ浮いている　ふわふわなセーターを着てみたい
モチモチ　赤ちゃんの肌はモチモチだ　モチモチした食感の料理ですね

トレーニング2の文章例

ケラケラ　その女子高生たちはちょっとしたことでもケラケラ笑う
ゲラゲラ　彼のおもしろい話にその場の人はゲラゲラと大爆笑した
クスクス　道で転びそうになり、通りがかりの人にクスクスと笑われた
ニヤニヤ　宝くじが当たりニヤニヤが止まらない
ニタニタ　こんな緊張する場でよくあんなにニタニタしていられるものだ

このように、同じ笑いを表すオノマトペでも、状況や表したいことによって使い分け

るとそれぞれの様子がありありと思い浮かんできます。ぜひ、日常の中でも挑戦してみてください。

武器になる話し方

その43

同じ内容でも、使うオノマトペによって伝わる世界観が変わる。ボキャブラリーが増えると強力な武器になります

44 「させていただく」で敬語を使っていると思ってはいけない

安易な流行語に注意

語彙の話をしましたが、私は極力**「流行っている言葉は使わない」**ことをおすすめしています。

ティーン・エイジャーならばまだしも、ある程度「いい年齢」であるならば、「流行っているから」で言葉を使うのは避けたほうがよいと考えています。

これには2つ理由があり、1つは、**「軽さ」「必死さ」が出すぎてしまう**ことです。

「一過性の流行に乗る人間なんだ」という印象に加えて、年齢が一定以上の人が使えば「若者ぶっている必死感」まで出てしまいます。若々しくていい、という印象ではなく、ネガティブな印象のほうが強くなってしまう可能性のほうが高いのです。

また、避けるべきもう一つの理由は**流行は必ず終わる**ということです。中にはずっと定着していく言葉もあるかもしれませんが、流行語のほとんどは忘れ去られ、いつの間にか死語、過去の遺物となってしまいます。

たとえば、私のような60代以上の人間が今さら「インスタ映え」などと言おうものなら、失笑ものですよね。時代の空気を感じ取る能力が低いという印象を与えかねませんし、「若者文化に迎合している」という痛々しささすら感じるでしょう。

自分自身のキャラクターもあるので一概には言えませんが、少なくとも30代以上の方は、使わないほうが無難なのではと言えます。

敬語の使い方には本質的な教養が出てきてしまう

また、もう一つ注意していただきたいのは敬語です。年代問わずおかしな敬語が一般的に使われていることが多くなってきていて、違和感を感じる場面があります。

その代表が**「~させていただきます」**です。

言葉というのは言い回しが長くなるほど丁寧な印象があるので、なんとなく使っている人も多いと思うのですが、言葉には適材適所があります。

文化庁の定義では、「〜させていただく」というのは、相手に許可を求める場合、またそれによって自分が恩恵を受ける場合に使う言葉だとされています。

・「日程を変更させていただいてよろしいですか？（許可を求める場合）」
・「お休みをとらせていただきます（恩恵を受ける場合）」

このような使い方であればよいのですが、「来週の会議は延期させていただきます」「売上1億円を超えさせていただいております」といった使い方は適切でなく、聞く人によっては過剰で鬱陶《うっとう》しい表現ともとられてしまうでしょう。「来週の会議は延期いたします」「売上1億円を超えております」でよいのです。

また、「見れる」「来れる」といった「ら抜き」言葉も、メールや文章などでよく見られる間違いなので注意してください。

敬語は言葉への意識・教養が試されるものですので、一度見直しもかねて敬語について学んでみてもいいのではないでしょうか。

武器になる話し方

その44

流行り言葉や違和感のある敬語は、「印象の軽さ」を生んでしまうので要注意

45 「書き言葉」を意識してタフな会話を切り抜ける

「書き言葉」は安定している

私がまだ20代で営業と同時に研修の講師をやっていた頃、目上の方々、自分より経験豊富な方々に何かを教えるのはとても難しかったものです。

なぜなら、若く、経験が少ないということで私のことを専門家として信頼してくれないからです。

あなたも経験があると思います。目上の方々へ説明するとき、あるいはフォーマルな雰囲気の場面、固い雰囲気の人と出会ったときにどう話をしたら信頼を得られるのかわからず緊張し、戸惑うのではないでしょうか。

そのようなときにはぜひ、「書き言葉」で話すことで乗り切ってみましょう。
「書き言葉」は「話し言葉」より軽々しく感じさせず、言葉そのものが安定しています。その結果、相手から信頼を得ることができるのです。
「書き言葉」と「話し言葉」を比較してみるとよくわかります。例を出しましょう。

話し言葉の例

「昨日、近所で友達と外食をした際の帰り道、のら猫（名前：トラ）と出合いました。猫に興味がない私は黙って通り過ぎていったのですが、トラがそのとき『にゃー』と擦り寄ってきたのです。すると私は家にすっ飛んで帰り、なんと家にあったツナ缶をトラにあげてしまいました。いやはや、『にゃー』と擦り寄られるとこちらも餌でもあげようか、何かしてあげようかと思ってしまうものなんですね。ちなみに後日談ですが、トラはツナ缶を食べないのです。猫はそういうものなのでしょうか。

すると、なんと私は飼ってもいないのにキャットフードまで買ってトラにあげるようになってしまったのです」

書き言葉の例

「過日、近所で友人と外食後の帰宅途中、のら猫（名前をトラと名付けました）と遭遇いたしました。猫に興味を持たない私は静かに通り過ぎました。しかし、トラがそのとき『にゃー』と擦り寄ってきたのです。そこで私は足早に帰宅、自宅にございましたツナ缶をトラに与えました。『にゃー』と擦り寄られるとこちらも餌でも与えようか、何かしてあげようかとしてしまうものでございます。ちなみに後日談ですが、トラはツナ缶を食べません。猫はそういうものだろうか、と疑問を感じます。

そうこうしておりますと、驚くべきことに私は飼ってもおりませんのに、キャットフードまで購入しトラに与えるようになりました」

いかがでしょうか。「話し言葉」と「書き言葉」はだいぶ雰囲気が違います。そして、「書き言葉」は**軽々しく感じさせず、言葉そのものが安定している**ということが理解できるのではないでしょうか。

冒頭にあるように、若い頃から信頼を得る話し方はどうしたらいいのだろう、と試行錯誤しているうちに、私はいつの間にか「書き言葉」で話をするようになっていたのです。少々言葉の響きが古臭くはなるのですが、信頼を得るためにはそのくらいがちょうどいいです。若い頃だけでなく、それ以降も法人研修や講演というややフォーマルな環境でずっと研修をさせてもらっていますので、もうすっかり「書き言葉で話す」が身についてしまいました。

「定義・定理」を入れると、相手を説得しやすい

さらに、**信頼を得るだけでなく相手を説得させるのに強力であるのが定義・定理を入れることです。**

たとえば、先程の話に定義・定理を入れてみましょう。

「……そこで私は足早に帰宅、自宅にございましたツナ缶をトラに与えました。『**愛されるとそれに報いようとするものです。これは返報性の原理です**』。ちなみ後日談ですが、トラはツナ缶を食べません。猫はそういうものだろうか、と疑問を感じます。そうこうしておりますと、驚くべきことに私は猫を飼ってもおりませんのに、キャットフードまで購入しトラに与えるようになりました」

『愛されるとそれに報いようとするものです。……』の部分が定義・定理の部分です。（ちなみに返報性の原理とは「誰かにされたことにはお返しをしなければならないと感じる心理」のことです）

比べてみるとわかるように**定義・定理を伝えると、話のテーマ（趣旨）がはっきりと伝わります**。また、そのことによって話全体がグッと締まり理解しやすく、腹に落ちます。さらに印象にも残ります。

これら定義・定理はかなりタフな場面、なかなか話を聞いてもらえない営業場面や交渉の場面などでも相手を不愉快にさせずに納得してもらうのに効果を発揮してきました。

この定義・定理の最たるものが**ことわざ・熟語・そして専門的なキーワードです**。

このような言葉を使い相手を力ずくで説得するのではなく、腹に落ちることで受け入れてもらえるのです。

そんな「武器になる言葉」を手に入れてみてください。

武器になる話し方

その45

定義・定理を伝えると、話のテーマ（趣旨）がはっきり伝わる。「ことわざ・熟語・そして専門的なキーワード」を覚えておくと武器になる

第8章

武器になる「プロの話し方」のテクニック

46 セミナーを一方通行にしない「寝た子を起こすテクニック」

聞き続けるのは、疲れること

最後の章では、武器になる話し方の上級編として「プロとしての話し方」のコツをご紹介します。具体的には講師として人前で話すコツです。

これまで以上に、自分の専門分野や経験者として人の前で話す機会は増えるかと思います。そのような際にぜひ知っていただきたいテクニックを講師歴30年以上の経験から伝授します。

講演の終盤にさしかかってくる頃、まぶたをジッと閉じている受講生がチラホラ出てくることがあります。これは、残念ながら話し手である講師の責任です。

寝てしまう人がいる理由は、**「一方通行の話に興味が持てないから」**につきます。つまり、話し手が一方的に話し続けることによって、聞き手を疲弊させているのです。

一方的な話というのは、どうしても受け身になってしまいます。また、ひたすら話を聞き続けるということは、とてもエネルギーを使い、疲れることなのです。

寝た子を起こす2つの方法

では、一方的にならないセミナーにするにはどうしたらいいでしょうか？　基本的な運びの工夫としては、以下のようなことが考えられます。

1　受講生が能動的に参加できる時間を設ける

2　眠くならないように話し方のテクニックを磨く

まず、1の**「受講生が能動的に参加できる時間」**とは、作業やワークの時間を入れることです。

私のセミナーでは、どんなに多人数でも必ず隣の席同士でディスカッションをしてもらいます。**時間としては3〜5分程度**ですが、このようなワークがあると必然的に受講者が能動的になり、緊張感が生まれます。そして、会場全体も盛り上がるのです。

これは長い研修でも同様で、**半日〜1日になる研修では、グループディスカッションが全体の7〜8割くらいを占めるように設計**しています。そのため、受講生で寝てしまうという人はめったに見かけません。

20年以上前からこのような形をとっているのですが、いわゆる「アクティブラーニング」と言われる形態です。

2の**「話し方のテクニックを磨く」**とは、これまで述べてきた「話し方の抑揚をつける」「テンポを早くする」「声のハリを出し、ボリュームを大きくする」といった要素を意識することです。

反対に、「抑揚がない」「テンポが遅い」「声が小さく元気がない」といった要素はマイナスであり、受講生に寝ている人がいる場合には、これらのミスを起こしている場合が多いでしょう。

「受講生が怠惰だから」などと責任転嫁をするのは、三流の話し手のすることです。あの手この手で興味をひきつける責任は、話し手のほうにあります。

武器になる話し方

その46

寝た子を起こす2つの方法

①受講生が能動的に参加できる時間を設ける

②話し方のテクニックを磨く

47 受講生は話を理解しているか？ギャップを埋める2つのポイント

チェックしてほしい聞き手の反応

人前で話をするとき、ぜひ見てほしい聞き手の反応が2つあります。それは、

1 理解力がどの程度あるか
2 期待値はどれくらいか

という2つです。

話を聞いていて、ポカーンとしていないか、つまらなさそうでないか、眠そうでないか、といったことは、この2つを見て話し方を調整していくことができます。

2つの理解力「言葉の理解力」と「概念の理解力」

まず、1の「理解力」ですが、これは受講生がどのくらい話を理解しているかということです。

理解力にも主に2種類、**「A 言葉の理解力」「B 概念の理解力」**があります。

前者の「言葉の理解力」とは、そのテーマに出てくる専門用語がどの程度わかっているかということです。これは、事前に受講対象の方々の職業や専門性がわかっていれば把握できますね。

加えて、こちらが使う語彙についても、反応を見ながら変えていく必要があります。言葉を理解できている人は、首を大きくふったり、うなずいたりしてくれます。目もしっかりと合いやすくなります。

一方、表情や仕草もなく「ポカーン」としている、興味がなさそうという場合には、語彙が難しい、表現が独特で伝わっていないなどの可能性があります。

もしも受講生が、こちらの言葉に対して「?・?・?」という表情になった際には、「他の単語に言い換えてわかるかどうか」を試してみてください。「○○ってご存じですか?」

と直接聞いてしまってもいいでしょう。

私の場合は、反応が少し弱い人がいるかなと思ったら「何かちょっと不明な点はありますか？」「不愉快な点はございますか？」といった具合に聞くようにしています。

また、Bの**「概念の理解力」**とは、抽象的なことをどれくらい理解してもらえるかです。抽象的なこととは、考え方・思想・コンセプトなどです。

たとえば、「エネルギーが高い話し方をしましょう」というのは抽象的な概念です。このようなことを伝えたとき、受講生に戸惑いの表情が出てきた場合には、「エネルギーの高さとは、たとえば、声のハリや大きさのことを言います」などと、より具体的な表現や事例を盛り込んでいく必要があります。

このように受講生の理解度を探りながら、使う言葉や抽象度を対応させていかなければなりません。理解力の高い人が多ければワークやディスカッションを多めに取り入れ、難易度を高めるほうが満足度が高まりやすいですし、一方で初心者が多い場面では、基礎を中心にわかりやすく、楽しい雰囲気を演出したほうが満足度は高まるでしょう。

期待値が小さい場合の対処法

チェックしていただきたいもう一つの指標が、**「期待値」**です。これはつまり、「セミナーにどの程度期待しているか」「具体的にどんな期待をしているか」といったことです。

特に重要なのは期待値の大きさで、期待値が大きい場合には、ちょっとしたことを話しただけで能動的に学んでもらえます。話し手にとってこれ以上ありがたいことはありません。

この場合には、用意してきたネタを深掘りして話してみたり、「……ということがあるのですが、みなさんはどう思いますか？」といったように随所で受講生に考えてもらって、意見をシェアし合うことでよく盛り上がります。

しかし、難しいのは**期待値が小さい場合です。期待値が小さい場合には、「大事なことを言っても学んでくれない」**のです。

なぜながら、**期待していないとは、イコール消極的で、目的意識がない状態**だからです。

もっと言えば、「自分には関係ないと思っている」ということなので、「これはあなたに関係のある大事な話題なんですよ」ということをまず理解してもらう必要があります。

この場合の手立てとしては大きく2つで、

- **たとえ話や実話を入れて理解してもらう**
- **直接的なメリットに訴求する**

があります。

前者はたとえや実例で共感してもらうことで、身近に感じてもらう方法です。

・「私も実際に子どもが小さいときにお友だちとトラブルがあって……」
・「○○さんのお仕事でいうと、見込みのお客様をどう取り入れるかという話と同じで……」

といった具合です。

後者は、

・「この話を聞くと営業成績が2倍になります」
・「実は、お客様の9割がリピート購入をされているんです」

といったように、話を聞くことでいいことがありますよと伝える方法です。メリットには、具体的な数字や根拠があることが理想です。

武器になる話し方
その47

理解力に差がある場合は具体例を特に大切にし、期待値が小さい場合には、「共感やメリット」で訴える

48 テーマと無関係！受講生から「ぶっ飛び質問」が出てきたときの対処法

本題と方向性の違う質問が出てきた場合

セミナーが盛り上がったりすると、時々こんなことが起こります。

受講生「先ほど貯金の話がちょっと出たのですが、どうしたら効率よくお金って貯められますか？」

たとえば話し方の講座で、このような本筋と関係ない質問をいただくことがあるのです。

私自身は、「この人だったら何でも知っていそう」と思って質問してくれているのだなとポジティブに捉えており、当然むげにはできません。しかし、かといってその質問を深掘りしていくと、話がまったく違う方向にずれていってしまう恐れがあります。

ですから、質問者に気づかいつつ、全体の雰囲気も壊さずに話の方向性を戻していかなければなりません。ここは、テクニックとともに講師の懐の深さも試されます。

講演者が全体像を把握しておくことが重要になる

具体的な対処法は2つで、

1 その質問とテーマを結びつけて戻す

2 質問者が満足するような答えを出す（手短に）

ことになります。1が本命で、難しければ2の方法で対処します。

1の「その質問とテーマを結びつけて戻す」とは、質問に答えつつ、「実は今のご質問はこの話とつながってきます」と、本来のテーマとつなげるというテクニックです。

冒頭に紹介したように話し方のセミナーで「どうしたら効率よくお金って貯められますか？」という質問がきた場合には、

「そうですね。貯金はやはり毎月天引きの強制貯金が確実に貯まるのだと思います。今日のテーマの『話し方のスキル』もいわば貯金のようなものですね。強制的に何か今日習ったスキルを使う、話す機会を強制的に作っていかなければなりません」

といったように、本筋のテーマに戻していきます。

当意即妙が要求されるので難易度も高いのですが、実際、このようなことはセミナーに

図10　本筋と関係ない質問には、2つの返し方がある

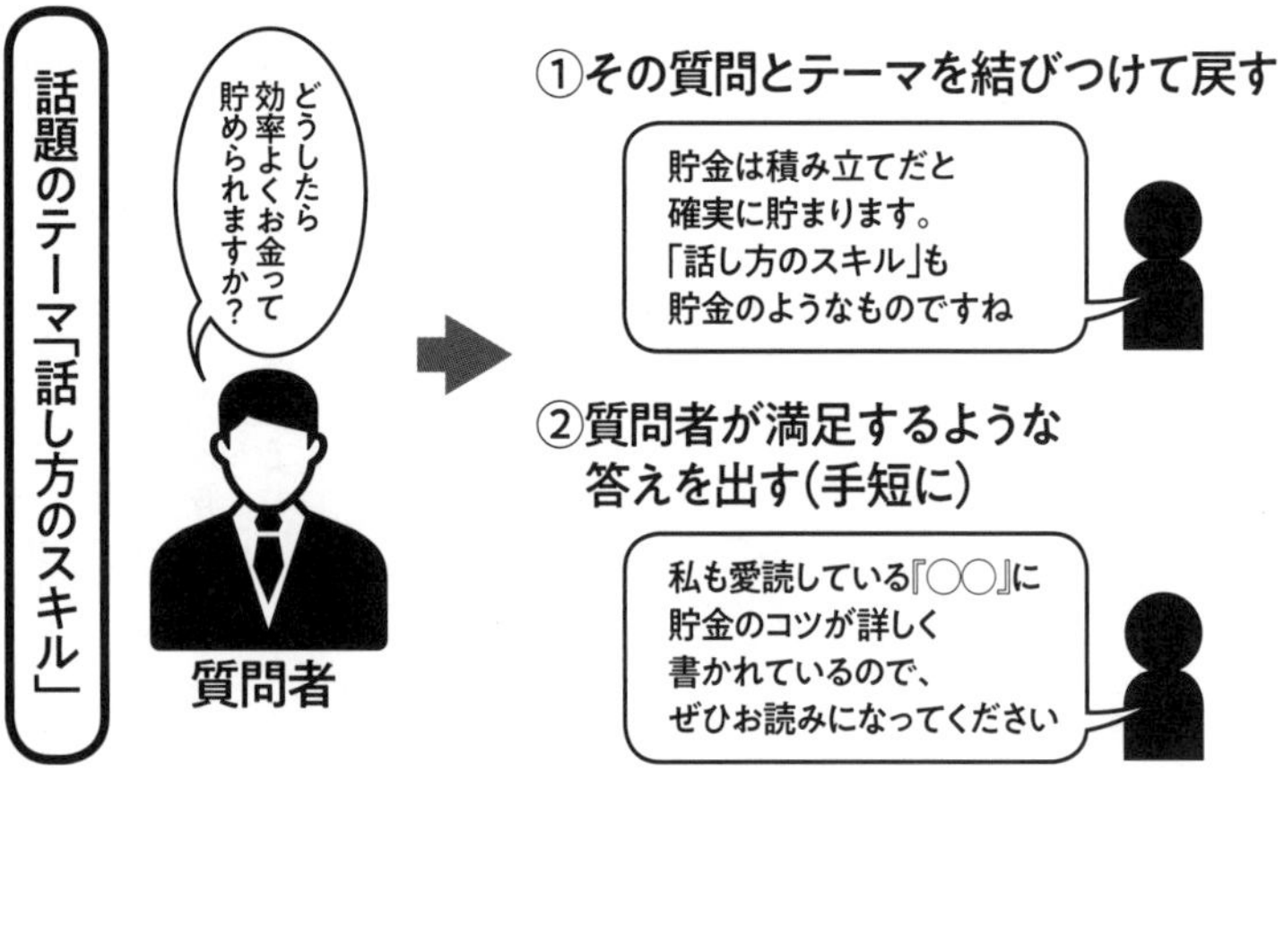

話題のテーマ「話し方のスキル」
どうしたら効率よくお金って貯められますか？
質問者
①その質問とテーマを結びつけて戻す
貯金は積み立てだと確実に貯まります。「話し方のスキル」も貯金のようなものですね
②質問者が満足するような答えを出す（手短に）
私も愛読している『○○』に貯金のコツが詳しく書かれているので、ぜひお読みになってください

はつきものです。

最大のポイントとしては、セミナーや講演の内容の全体像を常に把握しておいてください。話し手が本筋を見失わない、ということが一番重要です。

2の「質問者が満足するような答えを出す（手短に）」は、次善の策です。

そもそも質問が大筋と関係ないわけですから、回答に時間をかけてしまうとセミナー全体の流れが停滞してしまいます。

質問してくれた人が最低限満足する回答を、一言だけ伝えて話題を戻しましょう。

たとえば「ありがとうございます。とっておきの話があるのでセミナーの最後に時間があればお教えしましょう」「私も愛読している『○○』という本にそのコツが詳しく書かれていますので、ぜひお読みになってください」といった具合です。

武器になる話し方
その48

想定外の質問は、必ずあるもの。あくまでも「本筋に沿って答える」のがポイントです

49 受講生からの質問にど真ん中で返す方法

想定外の出来事こそ、信頼を得るチャンス

セミナーというものはライブですから、想定外のことは常に起こります。特に、予期せぬ受講生からの反応や質問などは焦りの気持ちが出てくるのも仕方がありません。

しかし、専門家としての対応はど真ん中に、ドンピシャで返さなければなりません。

それはつまり、受講生に「ああ、そういうことなのか！」という腹に落ちた感覚にさせる返答です。本当に腹に落ちたときには感動すらあります。

このような返しを行えるようになると、講師は、

・専門家としての信頼が得られ、

・人としてもとてもスマートな頭のキレる人であるという印象を与える

ことができます。

逆に、用意してきたセミナー内容が素晴らしくても、返答がモタモタしたり、「ちょっと後で調べておきます……」と返してしまうと、残念ながら評価は落ちてしまうのです。

少なくとも私は長年の講師の経験から、ど真ん中へ返すことに対して慎重に、そして重要に考えています。それくらい影響を与えるからです。

たとえば受講生から、

「初対面の人と雑談をしているとついつい『どう思われているのかな』とか『こんなこと話して興味あるかな』と心配になって、不安が出てきてしまうんですよね……」

という質問がきたとします。

質問と言いましたが、実はこれ、よく見ると質問ではないのです。質問という形に変えた「不安の吐露」であり、「悩みの告白」になります。

当然、セミナーに来る人は何らかの問題意識を持っていることが多いですから、珍しいことではなく、多々あることなのです。

このような場合でも、ドンピシャに返せるように質問を変換します。

「会話が続かなくて困っているのでどうしたらいいのか、という質問ですね。それにはポイントが2つあります……」


といった具合に、質問者の意図をふまえた上で自分が答えやすい質問に変換します。

質問者の意図をふまえた上で、というのがポイントです。

この例で言えば「初対面の人が相手だとどう思われているのか不安になって話題を出しづらい（ので話が続かない）」ということになりますから、間の文脈をつないで、答えやすい形に変換してください。

あからさまに回答をずらすのではなく、「～という質問ですね」と再解釈を行ってください。フレーズとしては10秒以内にまとまるように、よりシンプルな形を目指しましょう。

回答の方向性を示す

また、質問をまとめるときには、回答の方向性を打ち出すという方法もあります。

「今いただいたご質問は、お伺いしますけれども、スキルに集中していいですか？それともマインドに集中したほうがよろしいですか？」

といった具合です。

方向性を作ることで自分も答えやすくなりますし、質問した方の頭の整理にもつながります。

ちなみにですが、質問をいただいたときには相手の気持ちをむげにしたり、バカにしたりするような反応はもちろん絶対にしてはいけません。また、困ったような姿を見せてもいけません。

「何か変なことをしてしまっただろうか？」と、せっかく質問してくださった方を傷つけることにもなるからです。

ですから私の場合は、**「いいご質問をいただきました」と言ってから質問をまとめたり、「いやぁ、いい質問であると同時に、とっても難しい質問をいただいちゃいました」というように前置きの言葉をつける**ようにしています。

このようにすれば、どのような質問がきても、自分の得意な土俵に持ち込むことができます。

武器になる話し方
その49

難しい質問こそチャンス。質問をまとめたり方向性を示すと、答えやすくなる

50 セミナー本番の時間配分は、予定どおりでないほうがうまくいく

予定どおりでないほうが本当はいい

セミナーでの時間配分は、ビギナー講師でもベテラン講師でも共通の課題です。相手あってのことですから、描いていた台本どおりにはなかなかいかない場面もあります。描いていたタイムスケジュールどおりに進められたら「セミナー成功」と考えたくなるかもしれませんが、そうではありません。

万事スケジュールどおりというのはつまり、「100%こちらの都合」なのであり、受講生の理解や反応を無視しているのだとしたら、そのセミナーは大失敗です。

とはいえ、プロとして時間をいただいているのですから、終わりの時間も守る必要があります。

私の考えるいいセミナーとは、**「予定どおりにはいかなかったが、内容はすべて終えられて、最後の時間はぴったりに終わるセミナー」**です。

経験上、このようなセミナーのほうが受講生の満足度は高くなります。おもしろかったらいくら時間が延びてもいい、というわけではないのです。

つまり柔軟な対応で、もっと言うと**自在に内容の軽重を変えていくコントロール力のある講師が本当のプロフェッショナルである**と私は考えています。

メインコンテンツとサブコンテンツを用意する

自在にセミナーをコントロールするポイントとしては、「メイン」のコンテンツと、それに付随する「サブ」のコンテンツをそれぞれ複数用意し、それぞれの時間配分をイメージしておくことです。

たとえばメインのポイントが3つあるとしたら、それぞれに追加のサブポイントとしてネタも用意しておきます。

メインコンテンツA1　サブコンテンツ　a1　a1'　a1"
メインコンテンツA2　サブコンテンツ　a2　a2'　a2"
メインコンテンツA3　サブコンテンツ　a3　a3'　a3"

といったように準備して、時間配分も考えておきます。

この場合、サブのポイントはメインポイントのデータか実例（自分の体験談）になります。そして、おおよその話す時間の目安は、メイン60〜70％、サブポイント10〜20％といった割合になります。

この配分をもとに、その場の受講生の反応で興味がどんどん深まるようでしたらサブポイントを増やします。逆に反応が薄い、興味が少ないようでしたらサブポイントを1つだけにして次に進めてしまう、など柔軟に対応していきます。

たとえば、「コミュニケーションがうまくいかないのには3つの理由があります。その3つとは、まず不安感が強いこと。2つ目に語彙力が足りないこと。3つ目に相手の反応を読めないことの3つです」といったテーマで話を始めたとしましょう。

この３つについての説明がメインのポイントになります。そして、それぞれについて補助的に具体例や細かい注意点を説明していく、これがサブポイントになります。

私は、「Ａ１よりもＡ２のほうが反応が大きいのでサブポイントａ２、ａ２'の２つとも詳しく話しておこう」と判断してのＡ２部分を増やして時間配分して進めたりします。

こうすることで、その時々の受講生にぴったり合わせた内容にしつらえていくのです。

図11　セミナーの時間配分は、予定どおりでないほうがいい

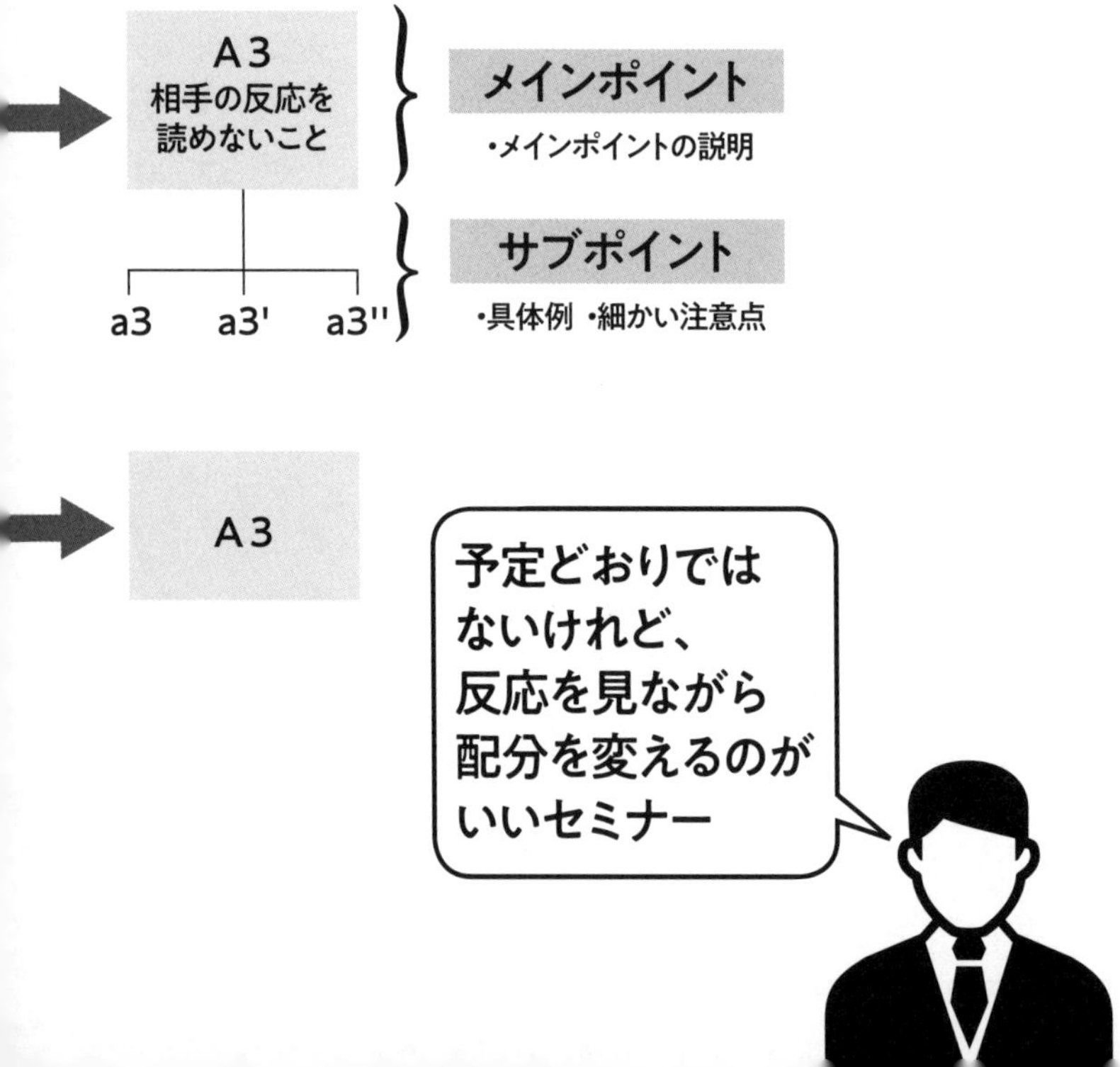

これがライブのよさです。あくまでも受講生の満足に合わせて時間を配分していくことこそが、プロ講師としてのタイムマネジメントです。

武器になる話し方 その50

時間はしっかり守りつつ、臨機応変に対応するのがプロ。コンテンツに遊びをもたせておくことで調整がラクになる

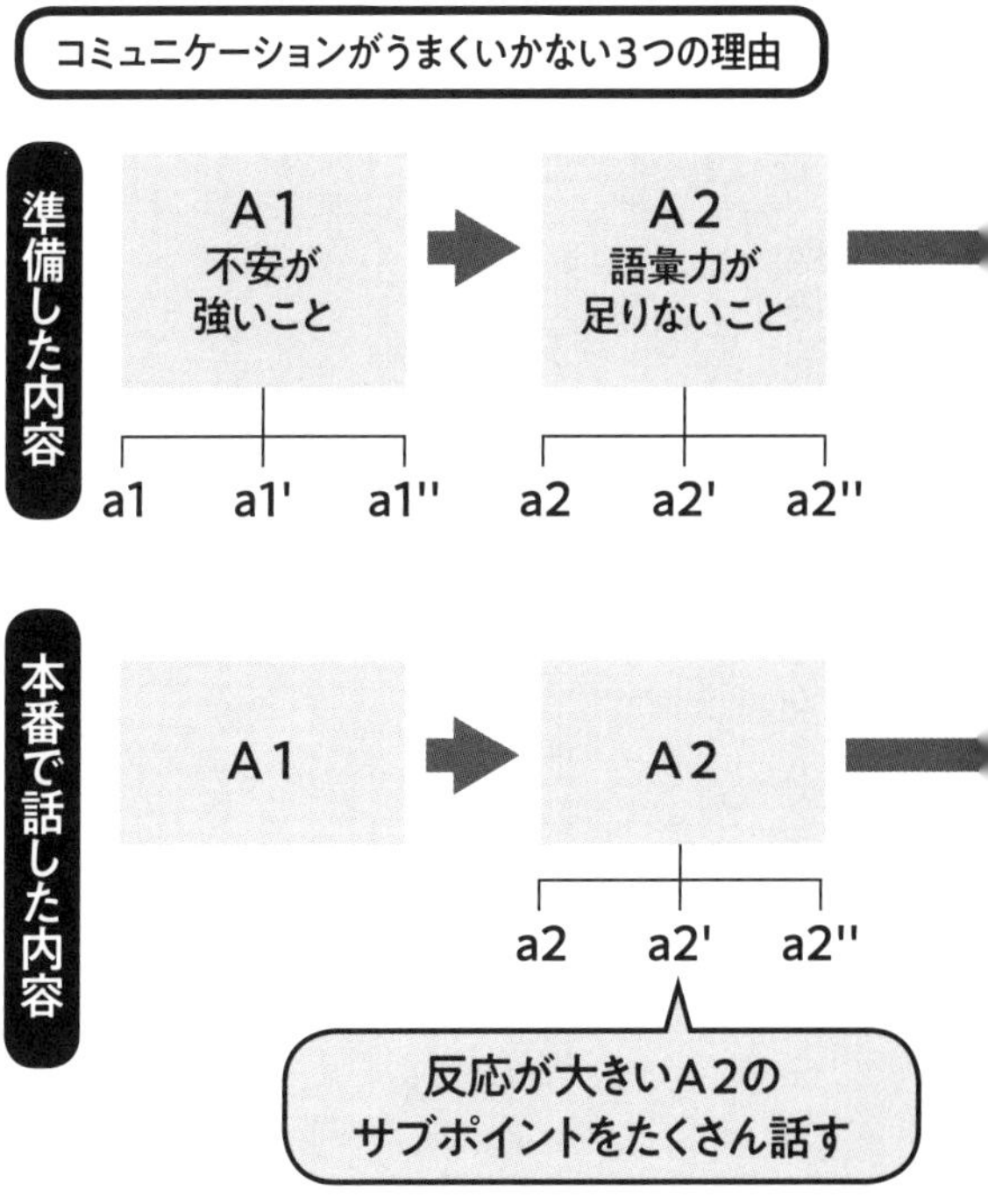

51 感動、発見、説得力は「体験談」から生まれることを知る

経験談は感動を起こす

人の話を聞いて感動したことがあるでしょうか？　単に知識を伝えるだけではなく、感動を与えることもできます。

では、人を感動させるにはどうすればよいでしょうか？

それは、実話です。つまり経験を語ることです。これが感動には欠かせない要素です。リアルな体験を伝えることで、より言葉に説得力が生まれます。そして、聞いている人はそこから大きな気づきを得ることもあるでしょう。

また、話している本人にとっても、経験を語るときにはそのときの気持ちがよみがえり、イキイキした感情を交えて語ることができます。臨場感があり、何より事実を語るわけで

すから自信を持って話すことができるのです。

体験談を話せることは、話す上で大きな武器になります。

ストーリーには起伏を意識する。ただし5分まで

注意点として、体験を語るときにはただの自慢話や苦労話ではいけません。

大前提として、語る体験が、話のテーマと大きく関係している必要があります。

たとえば私の場合には、コミュニケーションや雑談力について講演させていただくことが多いので、経験と結び付けて話すトピックとしては、

- **子どもの頃は口下手であったこと**
- **社会人になって営業だけはやりたくないと思っていたが、営業をやることになったこと**
- **営業マン時代、それまで相手にもされなかったお客様に初めて認めてもらえたこと**

・会社を立ち上げたときにお世話になった方々との付き合いがいまだに続いていること
・セミナーで出会った受講生が変わっていったこと

などです。

コミュニケーションで自分の人生がいかに変わったか、コミュニケーション力を高めたことでどれだけいいことがあったか、といった話をする中で、これらのエピソードを交えます。

私の場合には、100個ほどのストックがあるのですが、このように種類をたくさん持っているのは、「人が感動しそうなエピソードなら何でもいい」わけではないからです。聞いている人のイメージが湧きやすいものでなければなりませんし、場合によって笑いの起こるような話、泣けるような話、聞いていると元気になる話など、求められる要素は異なります。

ただ、「テッパン」のようなものはあり、特に苦労を乗り越えて何かを得た経験談などは、万人に共通する魅力があります。

たとえば、実話をモデルにした映画や歴史のドキュメンタリーなど、起伏のある話はぐいぐいと引きこまれますよね。決して大げさにする必要はないのですが、そのような創作やノンフィクションを話の構成のヒントとしてみるのも効果的です。

主題ではなく、あくまでもエピソードトークのうちの一つですので、時間的には1分から長くても5分程度の話になるようにしてみてください。

テッパンのエピソードは、登場回数が少ないほうがいい

ただし、いつも同じ話ばかりでは聞いている人も「それもう聞いたよ！」となってしまいます。

理想を言えば、テッパンネタが登場する機会は少ないほうがいいのです。

まずはテッパンのエピソードを磨き、そこから次々と新しいネタにもチャレンジしていくのがおすすめです。

私の場合は、いつでも新しい話をすることを心がけ、テッパンはあくまでもおさえのものとして、秘密兵器としてとっておきます。

講演などで長く話していると、「新しい話」をするはずだったのですが、それだと趣旨が違ったり、今のノリと違うなということがあります。

そのようなときにテッパンの話を持っておくと、保険としても役立つのです。

話を磨く練習としても、実用的な武器としても使えますので、ぜひストックをしていってみてください。

武器になる話し方
その51

実話のエピソードをストックしよう。ストックしていくうちにアドリブがきくようになっていく

52 話の内容を記憶・心に残すには「結びの一言」が超重要

「人は忘れてしまう」ということを前提に話す

話し手としては、「今日のセミナーの情報を持ち帰って、ぜひ実践してほしい」と思うものです。いったい、そのためには何が必要でしょうか？

それは、聞き手の記憶や心に残るものにする、ということです。

人間の記憶というのはいい加減なものですから、そのときは「いい話が聞けた」と思っても、数時間、数日すれば忘れてしまいます。

しかし、**そのまま忘れられてしまわないよう、印象的なフレーズを利用する**のです。

特に重要なのは話の締めくくりで、私の場合、一つのエピソードやトピックを話し終えたら、最後に「故事来歴《こじらいれき》」や「ことわざ」を引用して終わらせることをよくしています。

たとえば、**「案ずるより産むが易し」「木を見て森を見ず」**というような言葉です。こうしたフレーズが記憶に残ると、セミナー中の情報も結びつき記憶に定着しやすくなります。時間が経って忘れてしまっていた場合でも、そのフレーズを見たときに「あっ」と思い出すのです。

さらに、ことわざや故事来歴は誰もが聞き慣れた言葉ですので、より覚えやすい、イメージがしやすいということで私はよく使っています。

実際の使い方は、次のような具合です。

「起業したばかりのときに家にはパソコンがなく、唯一あるのは会社だけでした。なので、仕方なく朝3時に会社に行って、そこで研修の教材を作っていました。これを10年間続けていました。最初は簡単な資料を文字メインで作っているだけでしたが、さすがに10年やっているとさまざまなテキスト、ワークシートなど何十種類の教材をコツコツと作ることができました。**まさに継続は力なりです。**これが今の何十冊にもなる書籍の執筆の土台となっています」

このようにエピソードを語り、最後に「継続は力なり」とまとめます。

この言葉が記憶に残ると、ふとしたときに「ああ、継続は力なりだったな」と思い出し、モチベーションを高めたり行動のきっかけになったりするのです。

武器になる話し方

その52

印象的なフレーズで話を終えると、その言葉にふれたときに講演の内容がよみがえる

53 スライドは「順番どおり」よりも「縦横無尽」に使ったほうがいい

資料はたくさん用意しておき、全部使わない

セミナーを行う際、多くの方がスライド（パワーポイント）を使うかと思います。

スライドとはビジュアルであり、聞き手の注意をひく意味でも非常に重要なのですが、しかしながら、あくまでもスライドは「副教材」です。あくまでも「自分自身の言葉」がセミナーの内容がメインであり、主役になります。

ところが、まるでスライドが主役になってしまい、まるで教科書を読むだけのようなセミナーをしている方も多く見られます。スライドが中心になると受講生がどんどん置いてけぼりになり、ライブ感のないセミナーになってしまうのです。

私もスライドを使いますが、用意したスライドをひたすら順番どおりに進めていくこと

はありません。受講生の反応や興味に合わせて、話のトピックや順番は変わっていきます。

通常の研修では、何十枚というスライドを用意しておきますが、その場に応じて使ったり使わなかったり、さらにページもあちこちに飛ぶことがよくあります。

スタッフにスライドの操作をお願いしていますが、そうでない場合はスライドを紙に印刷し、何ページにどのスライドがあるかわかるようにして、話に合わせて「何ページを見てください」「何ページに戻ります」などと縦横無尽に使っています。

そのため、**話す内容の2〜3倍はスライドを用意しており、そのうちセミナー中に使うのは半分以下になる**のですが、そのようなセミナーのほうがライブ感が出て、内容が濃くなり、満足感も高くなるのです。

加えて、何百回、何千回と同じテーマでセミナーをしたとしても、一つとして同じ内容はありません。受講者や時代のトレンドによって必要な内容は変わりますので、毎回必ずその内容に合わせたデータや新しい考えのスライドを追加しています。

武器になる
話し方

その53

スライドは主役ではなく脇役。その場に合わせて内容をカスタマイズできるよう余裕をもたせる

54 話の内容がよくても人としての魅力がないとおもしろさは半減する

何をもって人は評価されるのか？

セミナーを行う人にとって、重要なのが「評価」です。

特に私たちのようにプロとして研修を行っている者にとっては、受講生のみなさんからいただく評価はただの数字ではなく、実力の通信簿であり、プロにとっての生命線でもあります。

ここでは、そんな評価について紹介しましょう。

受講生がいいセミナーか否かを判断するポイントは、２つあります。

1　話の内容そのもの
2　話を伝える人の魅力

これは、どちらか一つではいけません。両方「いい」と思ってもらえることが、セミナーをする人の真の実力が試されるところになります。

しかし、意外と重要性が理解されていないのは、後者の「話す人の魅力」です。

本当にいいセミナーとは、役立つのは当然であり、中身がいいのは最低限の条件といっていいでしょう。その先の満足度を決めるのは、講師に対する印象です。

そもそも人は、無意識のうちに「この人は好きか嫌いか」を決めています。

「好きな人」の話であれば話が多少おもしろくなくても聞けます。しかし、「嫌いな人」と一瞬でも判断されてしまうと、どんなにいい話であっても耳に入ってきません。私たち人間は、そういうものなのです。

セミナーで話す講師であれば、最低限「嫌いな人」と判断されてはいけない、できれば「好きな人」、そして目指すはセミナーに参加いただいたらファンになってもらうことでしょう。

ただし、ファンになってもらうといっても媚《こ》びる必要はありません。むしろ、逆ですね。お客様に媚びた態度をとれば、その下心はすけて見えます。

媚びるというのは、相手のためではなく自分のために行っていることなのです。

何度も言うように、**話し方にはいいエネルギーがあふれる話し方と、いいエネルギーの少ない話し方がある**と私は考えています。**いいエネルギーというのは、聞いている人を前向きにさせますし、元気にさせる力があります。**

その**エネルギーの源というのは、受講生の方への感謝であり、サービス精神です。**

参加していただいている受講生に感謝を感じているか、それを声で、表情で、言葉で伝えているか、また、真に受講生の役に立とうとしているか、そんな気持ちがやはり何より大事なことだと感じています。その熱意や気持ちが伝わったとき、人は初めてファンになってくれるのです。

武器になる話し方

その54

コンテンツの良しあし、講師への好き嫌い、どちらも「良い」にできるのがプロとしての条件

55 オンラインでも飽きさせないコツは、1人対25人ではなく、「1人対1人×25」のイメージで話す

オンラインでも生のライブ感が必要

2020年からのコロナ禍以来、セミナーもオンラインで行うことが多くなりました。オンラインセミナーは直接会ってセミナーを行うより、難易度は高いものです。なぜなら、相手の反応がわかりづらく、またパワーポイントの画面だけをずっと見せて話しているとついつい一方通行になりがちだからです。その結果、受講生はどうしても飽きてしまいます。

そこで、オンラインでもできるだけライブ感ある、双方向のセミナーができるような工夫をする必要があります。

あくまでも、「1人のあなた」に話しかけることが重要

それは、たとえば25人の受講生であれば「1人対25人ではなく、1人対1人×25のイメージで話すこと」です。つまり「25人のみなさん」に話すのではなく「1人のあなた」に話しかけることを25人分行うのです。

具体的には、名前を呼んで結構多くの回数で話を振ります。

「○○さん、先ほど初対面で話すのが苦手だとおっしゃっていましたが、こうやってみてはいかがでしょうか」

図12 オンラインセミナーでは、「1人のあなた」に話しかけることが大切

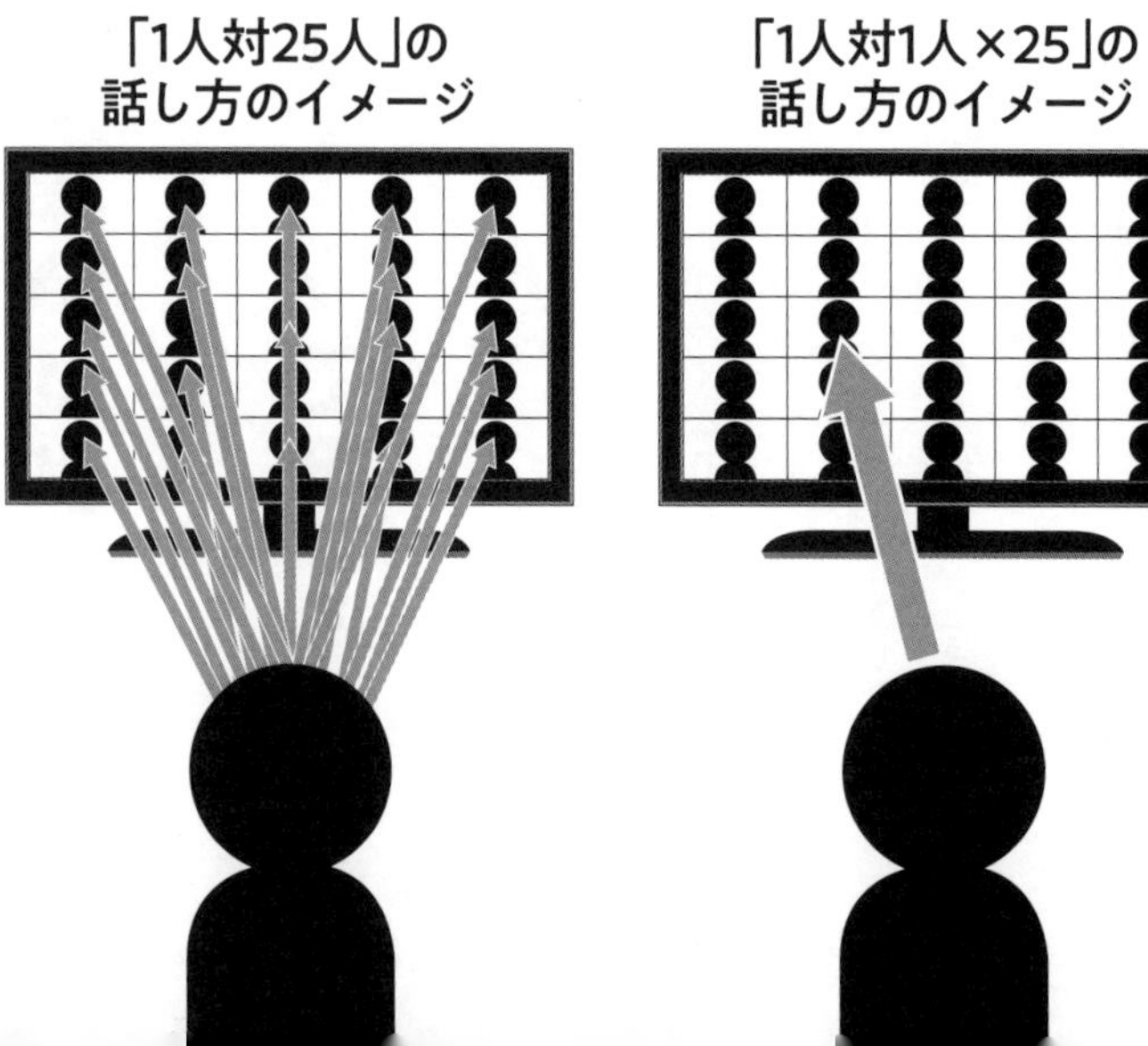

「ところで、『大阪』といえば○○さんは大阪から参加されていますよね」

「○○さんは、接客のお仕事だとおっしゃっていましたが、こんなときどのようにされていますか」

といった具合です。


恐らく、普段の私のリアルのセミナーよりも話しかける頻度は多いと思います。

そして、オンラインですがお客様からの反応も多い。

これは、すべてオンライン仕様に話し方（ややゆっくりめ、はっきりとした声）や表情（やや大袈裟な感じ）、そしてセミナーの方法（より双方向にする）を変えていっているからです。

ですから、受講生の方からは「なんだか、本当に会って話をしているみたいです」と、よく言っていただいています。


大前提としては、事前の情報収集をできるだけしておくことです。

相手に事前にアンケートなどで、名前、職業、私の会社で実施しているコミュニケーション診断の結果、そして、コミュニケーションの悩みなどを尋ねておきます。そして、全員分の情報を名簿とともにまとめておきます。

ですから、私はいつもそのメモの各個人の情報とセミナーの流れ、トピックと紐付けることが可能になります。

たとえば、Aさんは「人見知りが悩み」と事前情報にあれば、

「Aさん、初対面の方と話す際、緊張しなくてすむ3つのコツをお伝えしますね」

あるいは、Bさんが営業をやっているという事前情報があれば、

「Bさんは営業していらっしゃいますが、どんなお客様にも好かれるコミュニケーションのテクニックをこれからご紹介していきます。きっとBさんにお役立てできると思います」

といった具合です。

すると受講生に「ちょうど、そんなことが知りたかった！」「ちょうどその悩みを解決したいと思っていた」と感じてもらうことができるのです。

また、オンラインならではのメリットもご紹介しておきましょう。

それは、**「自宅にいるのでリアルでのセミナーよりリラックスしていて、その方の素が**

出やすい」ということ。

あなたも自宅でオンラインセミナーを受けたことがあれば、その感じがわかるかと思います。

その分、実は話をしていて相手に親しみやすさを感じてもらえれば、お互いの距離が縮まりやすいのです。

「みんなでセミナーを聞いている」というより、「講師が私だけに話してくれている」という感じを持ちやすいからです。

ですから案外、オンラインのほうが**「1人対25人ではなく、1人対1人×25人で話すこと」**を実現しやすくなるかもしれません。

武器になる話し方 その55

1人対25人ではなく、「1人対1人×25のイメージ」で話す。名前を呼んで具体的にどんどん話を振る

おわりに

あなたという人間の魅力を最大限に伝えるツール

この本が発売される前（2021年10月）、落語家で人間国宝でもあった、10代目柳家小三治師匠が亡くなりました。

本当に尊敬する落語家でした。

その卓越した話芸だけでなく、忘れられないのが師匠の枕（落語の本編に入る前の噺《はなし》）です。

「さて、今日はどんなことになるのか楽しみです。お前がやるんだからお前が勝手にやればいいじゃないかと言われますが、そうではない。お客様という鏡に自分を映して見るのですから今日はどんなふうに映るのかしら、と楽しみにしています」

このことを聞いたときに、私は驚きを覚えました。

私もまったく同じ気持ちだったからです。

いつもの講演はもちろんのこと、私の本領である営業での商談、そして、接待での雑談にのぞむ際、

「今日、お客様（相手）と話すときに、どのような言葉が私の口から出てくるのだろうか」

と、いつも楽しみにしているのです。

話を交わす、聞いていただく相手の方々とのコラボレーション、そしてその瞬間の気持ち、雰囲気、ノリ、空気で毎回会話は変わっていきます。

もちろん、いいときばかりではありません。特に会社経営をしていますので、非常に厳しい局面を一瞬一瞬の会話で乗り越えてきた経験もあります。

いずれにせよ、常にそのような気持ちを持ち、30年以上にわたって話し続けてきたわけです。

これまで何万回にもおよぶ話の経験で「これはいつもと違う」という特別な感じを持っ

たことが何度があります。

　これも前出の柳家小三治師匠のエピソードを借りると、それは小三治師匠が、師匠であった5代目柳家小さんの弟子として修業をしていた頃のこと、あるとき「ちょっと見てみろ」と兄弟子から言われ、舞台袖で師匠の落語を見てみると、そこにはいつもより格段にオーラというか熱気を放つ師匠・小さんの姿があったそうです。


　そこで兄弟子が教えてくれたのは、「本意気（ほんいき）」という言葉でした。

　噺への本気、そこにかけるエネルギー、そしてその場の観客からの熱気とが相まって、得も言われぬ一体感により「本意気」は生み出されます。

　ですから、毎回というわけにはいきません。

　また、圧倒的な修練を積んでおかないと、どんなに素晴らしいお客様と出会ったとしても「本意気」を生み出すことはできません。

　私自身も「本意気」の場の空気感、熱気、会場の一体感、なんとも言い難い体験として心に焼き付いています。

一生でそう何度も体験できない「本意気」とは、自分の想像を超えたものでした。

たかが「話し方」が、そこまでの力を持っているのです。

最後まで読んでいただいたあなたには、「武器になる話し方」を手に入れる準備が整っています。

ぜひ、あなたという人間の魅力を最大限に伝えるツールとして、また、あなたの思う真実を伝えるための武器として、ぜひ本書でお伝えした「武器になる話し方」の内容を本気で試してみてください。

読者のみなさまの成功を、心よりお祈りしております。

2021年12月

安田　正

［著者］
安田 正（やすだ・ただし）
株式会社パンネーションズ・コンサルティング・グループ代表取締役。1990年法人向け研修会社パンネーションズを起業。現在は英語、ロジカル・コミュニケーション®、プレゼンテーション、対人対応コーチング、交渉などのビジネスコミュニケーションの領域で講師、コンサルタントとして活躍している。大手企業を中心に研修、コンサルティングを通して多くの役員との交流がある。東京大学、早稲田大学、京都大学、一橋大学などでも教鞭をとる。元早稲田大学グローバルエデュケーションセンター客員教授、元オスカープロモーション所属。
主な著作としては、シリーズ累計90万部『超一流の雑談力』（文響社）、『英語は「インド式」で学べ！』（ダイヤモンド社）、『できる人は必ず持っている一流の気くばり力』（三笠書房）、『超一流の強運力』（ポプラ社）、『超一流 できる大人の語彙力』（プレジデント社）、『１億稼ぐ話し方』（フォレスト出版）、『会話のうまさで人生は決まる！』『ロジカル・コミュニケーション®』（ともに日本実業出版社）、『言いたいことが確実に伝わる17秒会話術』（明日香出版社）、『超一流のトーク力』（プレジデントムック：プレジデント社）、『一流役員が実践してきた 入社1年目から「できる人になる」43の考え方』（ワニブックス）など多数。

武器になる話し方

2021年12月７日　第１刷発行

著　者——安田 正
発行所——ダイヤモンド社
〒150-8409　東京都渋谷区神宮前6-12-17
https://www.diamond.co.jp/
電話／03･5778･7233（編集）　03･5778･7240（販売）

装丁————三森健太（JUNGLE）
本文デザイン・DTP—中井辰也
校正————聚珍社
編集協力———上原千友、下松幸喜
協力————道祖土千夏（パンネーションズ・コンサルティング・グループ）
製作進行———ダイヤモンド・グラフィック社
印刷————ベクトル印刷
製本————ブックアート
編集担当———土江英明

ISBN 978-4-478-11489-6

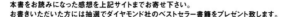